JN419564

나의 복덩이

경애씨에게 사랑을 담아

문어발、인생 괴로와

문어발, 인생 괴로와

글 소현

Sync&
Hows

책머리에

애매함도 愛다

퇴근 후엔 늘 책상 앞에 앉았다. 자연스럽게 노트북 전원부터 켰다. 주말엔 노트북을 챙겨 들고 작업하기 좋은 카페로 갔다. 그리고는 글자를 그렸다. 타입 디자이너로 영역을 확장하고 싶었던 나는 한글 디자이너인 이용제 선생님의 지도하에 시작된 첫 번째 글자, 「광인」을 시작으로 세계문자박물관 전용 서체 「각」을 작업했다. 「각」이 완전히 마무리되기도 전에 키그타입의 도움을 받아 「붕어」까지 이어 제작했다. 그렇게 세 개의 글꼴을 폰트로 제작했다.

그러나 「붕어」를 제너레이트를 할 때쯤엔 연속으로 이어진 지난한 글꼴 작업에 몸과 마음이 결국 바닥을 치고 말았다. 손끝으로 글자의 세밀한 균형과 무게를 찾아가는 일에 보람을 느끼다가도, 잡히지 않는 미감에 쉽게 좌절하길 계속 반복했다. 주변 도움 없이는 시작도 마무리도 할 수 없었다. 쉽게 말해서… 어려웠다. 글자란 마치 수영장인 줄 알고 뛰어들었다가 알고 보니 태평양이었던 참으로 넓고도 깊은 세계였다. 한 발짝 다가가면 세 발짝 멀어져 있는 게 글자였다. 어느 날 깨달았다. 이대로는 타입 디자이너로 전향할 수 없다는 것을. 한계에 부딪힌 느낌이었다.

9

당장은 지금 이 작업을 얼른 끝내고 단 며칠 만이라도 아무 생각 없이 쉬고 싶었다. 그렇게 「붕어」를 폰트 파일로 변환하는 제너레이트 과정까지 마치고 판매 플랫폼에 최종적으로 입점했을 땐, 4년 치 쌓인 묵은 체증이 내려가는 기분이었다. 아주 오랜만에 보고 싶었던 영화와 드라마 시리즈를 몇 날 며칠을 몰아봤다(그전에도 틈틈이 보긴 했지만, 마음 한편이 무거웠다).

그렇게 한 달이 지났을까. 그토록 원하던 '아무것도 안 하기 휴일'을 보내고 있는데, 분명 상상대로라면 행복해야 했는데… 우울했다. 마치 지지고 볶고 싸우던 애인을 떠나보낸 거 같고… 라고 하기엔 실제로 이때 애인과 헤어졌으나 속 시원하고 좋았지만. 어쨌든 이걸 미련이라고 해야 할지, 4년 동안 작업 가스라이팅을 당한 건지 작업 금단 현상이 한날한시에 몰려왔다. 그러니까 나는 글자를 떠나보냈지만, 글자가 너무 좋고, 하지만 싫고, 하지만 사랑해. But! 미워. 그러나! 곁에 있어 줬으면 좋겠다는 생각에… 잠시 슬퍼졌다.

이러지도 저러지도 못하고 갈팡질팡하던 나는 생각 끝에 이 딜레마에 빠져나오게 도와줄 방법을 알아냈다. 휴대전화를 집어 들고 곧바로 누군가에게 전화를 걸었다. 오랜 친구

연이었다.

나: 연… 나 고민이 있어.

연: 무슨 일이야 언니! 괜찮아 다 말해봐.

나: 글꼴을 그리는 작업 끝나니까 마음이 괜히 헛헛하구….
먼갈 글자로 새로 도전하고 싶은 생각이 있는데….

연: 응. 그래서?

나: 내가 책을 써보면 어떨까? 아무래도 너는 글을 쓰니까, 조언을
듣고 싶어.

연: 언니.

나: 응? (긴장)

연: 당장 해. 당장 글 써. 언닌 이미 했었어야 해! 나는 완전
찬성이지. 특히나 언니라면.

그는 나의 이런 고민에 한 치의 망설임도 없이 글쓰기를
권유했다. 묻지도 따지지도 않는 그의 응원이 고마우면서도
마음속은 조금 복잡했다. 나는 연처럼 글을 잘 쓰지도
못할뿐더러 책에 담을 만큼 특별한 글감이 있지도 않았다.
통상적으로 책을 냈다 하면 남들보다 하나라도 더 업적을

많이 달성했거나, 밑바닥부터 올라와 고난과 역경을 이겨낸 그런 성공담이 있어야 하는 건 아닐까. 그런 점에서 미뤄볼 때 일단 나는 고난과 역경을 이겨낸 적이 없다. 고난과 역경에 늘 두들겨 맞으며 살아왔는데 도대체 어떤 걸 써야 할지 어디까지 써야 할지 감이 오질 않았다. "특별한 걸 쓰지 않아도 돼. 가장 평범한 걸 써봐 언니." 연은 말했다.

맞아. 그러고 보니 연의 책들은 정말 평범했다. 평범해서 눈물이 났고 웃음을 짓게 되는 책이었다. 내일은 내일의 해가 뜨겠지만 오늘 밤은 어떡하냐고 당장 눈앞의 상황에 쉬이 좌절하는, 그럼에도 사랑을 얘기하는 평범한 사람의 이야기였다. 그때 출간한 그의 첫 책 『내내해오』는 이제 2n쇄를 앞두고 있다.

전화를 끊고 결연한 마음으로 오랜만에 맥북을 켰다. 어쨌든 나를 지탱하는 것들에 관해 쓰고 싶었다. 보자 보자. 뭐가 있을까. 머릿속에 몇 가지 글감들이 떠올랐지만, 문제는 그것들이 한데로 모으기에 서로 다 친하지 않다는 거다. 그러니까… 돌이켜보니 인생 자체가 쫀쫀한 짜임새 없이 느슨한 것들의 집합으로 이루어져 있었다. 그래픽 디자이너가

— 연정, 『내일은 내일의 해가 뜨겠지만 오늘 밤은 어떡하나요』, 발코니, 2020

됐지만 여전히 손으로 그림을 그리는 것을 사랑하고, 활자에 관심이 생겨 호기롭게 플러팅했지만 여전히 4년이 넘게 썸만 타는 중인 상황. 평발로 태어나 팔자에도 없던 러닝이 언제부턴가 내 심신을 책임지는 중요한 루틴이 되었나. 타고난 몸치가 빚어내는 애처로운 요가생활. 전과만 n번째 살식마의 위태로운 식물과 동거. 태어나길 웃상으로 태어나 갖은 슬픔에도 웃어버리는 사람. 모든 게 조금씩 불완전했고 애매했다.

쉽게 말해서 나는 문어발식으로 살고 있었다. 각각의 다리마다 자아가 있어서 당최 모이질 않고 각자 할 말만 하는 금쪽이들의 집합체라고 해야 하나("얘들아, 좀 모여봐"만 몇 년째 외치는 중). 하지만 그 애매한 삶의 형태가 결국 나를 여기까지 이끌었다. 그래, 차라리 애매함도 愛(사랑 애)다. 애매함에 대한 글을 써보자. 하고 싶은 게 많아 이것 저것 손을 뻗어보는 즐거움 속에서도 혹여나 깊게 빠져드는 게 무서워 살짝 발을 빼는 한 인간의 괴로움, 완벽하지 않은 몸을 이끌고 일단 가고 싶은 데로 걷는 사람에 관한 이야기를 써보기로 했다.

문어발 인생, 괴로와

三. 그럼에도

그리고

당신의 꽃에게
투표하세요

"러닝이 취미예요"라고 말하면 돌아오는 몇 가지 질문이 있다. 대표적으로 "안 힘들어요?"라든가, "무슨 생각 하면서 뛰어요?" 같은 것들. 첫 번째 질문에 먼저 간단히 답하자면, 힘들다. 정말 미치도록 힘들고요, 체력이 좋아진다고 해서 고통이 줄어들지도 않는다. 향상된 체력만큼 페이스도 덩달아 올라가고, 완주 거리도 5km에서 7km, 10km로 자연스럽게 늘어나기 때문이다. 성장에는 왜 항상 도전 정신(이라 쓰고 오기라고 읽는다)이 꼬리표처럼 따라붙는지.

잠시라도 몸이 편안해지는 꼴을 못 보는 본능 덕분에 러닝을 시작한 이래로 솔직히 안 힘든 적이 단 한 번도 없었다. 그럼에도 뛰는 이유는 단순하다. 뛰는 내내 고통뿐인 뜀박질 덕분에 마음을 잡아먹던 고민거리들이 별것 아닌 일로 축소된다는 것. 그러니까 뛰는 순간만큼은 나를 힘들게 하는 상념이 비집고 들어올 틈이 없다.

그럼 두 번째 질문에 대한 답을 해보자면, 평소 갖고

있던 상념이 들어올 자리는 없지만 고통이 극에 달하면 뇌가 스스로 도피처를 찾는 건지 현실을 벗어난 새로운 세계관이 튀어나온다. 다시 말하면, 평소 달릴 때는 머릿속에 고통과 인내, 딱 두 가지 감정만 존재한다고 자신 있게 말할 수 있지만 최악의 컨디션일 때 뛰면 상황이 달라진다.

어제는 술과의 대결에서 완벽하게 KO 당했다. 봄기운이 완연하게 퍼져 바람이 기분 좋게 간질이는데, 술맛 도는 이 계절을 어떻게 그냥 지나칠 수 있겠는가. 을지로에서 오랜만에 만난 친구들과 시답잖은 농담에 한 잔 두 잔 기울이다가 막차가 끊기고도 새벽까지 술잔을 비웠고, 결국 다음 날 숙취를 한 아름 안고 깨어났다. 젠장, 오늘은 느긋하게 샌드위치도 만들어 먹고 글도 쓰고 러닝도 하려고 했는데! 망했다. 방망이로 다져놓은 듯 널브러진 다짐육이 따로 없었다. 니글니글 끓어오르듯 울렁거리는 속을 부여잡았다.

왜 이렇게 술을 많이 마셨지. 내가 또 이렇게 마시면 인간이 아니다. 어우, 일단 토하고 보자. 이 지긋지긋한 숙취에 지긋지긋한 금주 결심도 정말 지긋지긋했다. 이 상태로 뛰러 나갔다가는 비둘기에게 위장으로 버무린 수제 먹이를 제공하는 대참사가 일어날 것 같았다. 서대문 비둘기 아줌마가 되지 않기 위해 숙취가 좀 가라앉을 때까지 아무것도 못 하고 침대에 누워 천장만 멍하니 바라봤다. 정신이 혼미한 와중에도 머릿속 한편에선 달릴 타이밍을 계속 재고 있었다. 오늘같이 날씨 좋은 날을 놓치면 안 되는데… 하지만 어제 네가 퍼마신 술과 안주를 생각해 봐. 아냐, 이대로 누워만 있다가 하루를 끝낼 순 없어. 악마인지 천사인지 모를 속삭임이 머릿속에서 계속 맴돌았다. 움직이지 않는 몸뚱이와 달리 생각들은 분주히 오갔다.

결국 늦은 오후가 되어서야 겨우 정신을 차리고 해장도 할 겸 무거운 몸을 끌고 밖으로 나섰다. 숙취 해소에 러닝은 긴급 처방약(절대 따라하지 마세요)이기도 했다. 과감히 발을 떼고 천천히 무리하지 않게 달렸다. 평소와 달리 어제 마신 술의 여파로 페이스가 현저히 떨어진 게 느껴졌다. 호흡은 금세 거칠어졌다. 간인지 폐인지 녹초가 된 장기들이 벌떡 일어나 항의하는 게 느껴졌다. 그냥 집에서 쉬지, 왜 또 일하게 만들어!

　　천천히 조깅하듯 뛰었는데도 몸은 여전히 술에 절인 듯 천근만근이었다. 잠깐만 걸어볼까. U턴해서 집으로 돌아갈까, 고민하던 찰나, 왼쪽 길가에 구청에서 조성한 꽃 군락지가 눈에 들어왔다. 빨갛게 불타오르듯 존재감을 뽐내고 있었다. 저 꽃은 벌겋게 익어버린 내 얼굴(생김새 말고 색깔이요)과 묘하게 닮아 보였다. 도대체 어떤 꽃이길래 저렇게 불광천을 싸악 접수한 거야? 본능적으로 밭에 꽂힌 팻말로 시선을 옮겼다. 도대체 어떤 꽃인지 알아야 했다. 얼른 눈앞에 활자를 대령해 달라. (현실은 내가 가고 있었지만) 힘들어 죽겠으니, 뭐라도 읽어야겠다 싶었다.

　　　　　　　　　　　　　　　　문어발 인생, 괴로와

"…월드컵 천 …양!ㄱ비!"

숨을 헐떡이며 표지판에 적힌 '월드컵 천 양귀비'를
소리 내어 읽었다. 거친 호흡에 실려 토해내듯 여러 숨에
나눠 외쳤다. 한 글자 한 글자 내뱉을 때마다 뭣 모르고
마신 어젯밤의 주정뱅이가 떠올랐다. 분명 다음 날의 숙취를
알면서도 모른 척 술을 퍼마시던 어리석은 사람… 특히나
"천"에서 나의 한심함에서 비롯된 짜증 섞인 파찰음이 작게
퍼졌다.

1초 남짓 스쳐 지나간 팻말을 뒤로하고 곧이어 또
빨간 꽃밭과 함께 꽂힌 팻말이 보였다. 타들어 가는 가슴을
부여잡고 갈 곳 잃은 눈을 재빨리 새 표지판으로 옮겼다. 설마?

월…드컵 천 양귀비…

또, 양귀비였다. 그제야 멀리 내다보니 양귀비가 시선
끝까지 산책로를 가득 메우고 있었다. 다음도 그다음도
양귀비 팻말이 꽂혀 있었다. 앞으로 굴러도 뒤로 굴러도

새빨갛게 타오르는 양귀비. 봄이 왔다고 대놓고 귓가에
외치는 구청장인지 공무원인지 누구의 취향인지 모르겠지만,
오늘따라 유독 쨍한 색들이 어째 술기운을 다시 끌어올리는
듯했다. 아무리 계단을 내려가도 계속 같은 층을 맴도는
유명한 인터넷 괴담이 떠올랐다. 여보세요? 아직 술이 덜
깼나요? 이 양귀비가 그 (마약성)양귀비가 아닌데 왜 나는
양귀비에게 홀렸는가… 월드컵 천 양귀비 팻말 바로 아래에는
'내가 피어나고 있어요. 방해하지 마세요'라는 글귀가 아주 약
올리듯 귀여운 손 글씨로 적혀 있었다. 그렇게 홀린 듯 내달리니
시야에 드디어! 새로운 식물 군집이 나타났다. 꽃밭을 향해
달렸다. 재빠르게 고개를 돌려 표지판을 확인했다.

〈월드컵 천 청보리〉
뉴페이스 청보리였다. 만세! 눈이 아프도록 쨍한 양귀비만
내리 보다가 푸릇푸릇한 보리밭을 보니 꼭 소화제 한 병을

문어발 인생, 괴로와

들이킨 기분이었다. 화려한 양귀비 사이로 딱히 특색 없는 수수한 풀들이 꿋꿋한 자태로 군집을 이루고 있었다. 슬쩍 둘러보니 사람들은 청보리보다는 주변의 형형색색 꽃들과 함께 사진 찍기에 여념이 없어 보였다. 우리 청보리들도 보세요, 여러분! (초면이지만 청보리는 '우리' 청보리가 되었다)

자, 여러분의 꽃에게 투표하세요. 주민들의 픽으로 봄 데뷔를 화려하게 치르는 양귀비와, 조용히 자리를 지키는 청보리의 서바이벌은 시작됐다. 우리끼리는 나름 치열했다. 규칙이 있는건지 없는건지 멋대로 양귀비와 청보리 군락지가 번갈아 가며 나타났다.

양귀비

양귀비

양귀비

청보리!

양귀비

청보리!

쌀보리 게임을 하듯, 불광천을 곁에 두고 나만의 강변 서바이벌이 펼쳐졌다. 청보리 구역을 지날 때마다 다시금 힘을 끌어올려 달렸다. 여물지 않은 푸른 곡식에 마음이 갔다. 이 친구 또한 설익고 어딘가 미완성인 모습이 꼭 (주량을 뻔히 알면서 주제넘게 마셔 재낀 어리석은 중생인)나를 보는 듯했다. 형형색색 예쁜 꽃들의 눈총에도 당당히 한자리 꿰차고 있는 게 어딘가 짠하면서도 응원하고 싶었다. 둘러봐도 모두가 꽃 사진을 찍는 와중에 카메라 앵글에 청보리는 어디에도 없었다.

우리 청보리는 말이죠. 확신의 센터상 아니지만요. 담백하고 구수한 맛의 잡곡상에 가까우므로 분명 입덕몰이를 할 수 있을 겁니다. 불광천 간판스타, 메인 보컬보다는 약간 2절 도입부 장인이라고 해야 할까요. 뭐가 됐든 보리야, 너는 보면 볼수록 매력 있으니까 봄철 청량한 콘셉트로 매년 돌아왔으면 좋겠다 …라고 거친 호흡을 내뿜으며, 점점 등이 앞으로 쏟아질 듯 구부정한 자세로 뛰고 있는 한 명의 고릴라는 생각했다.

그렇게 속으로 쌀! 보리! 쌀! 보리! 외치며 정신없이 달리던 유인원은 어느새 목적지에 도달했고, 숙취로 평소보다 더 힘들었던 7km를… 그렇게 얼렁뚱땅 완주했다. '완주해 버렸다'가 더 정확한 표현이겠다. 타들어 갈 듯한 흉통으로 깊은 숨을 몰아쉬었다. 아아, 그렇다. 정말로… 숙취를 가뿐히 뛰어넘는 진한 가슴앓이가 여기 있었다. 어제는 술맛이 돌았다면 오늘은 피맛 도는 진한 뜀박질이었다.

그래도 해장 효과는 확실했다. 흐릿했던 정신이 칼날처럼 또렷해졌고 그렇게 무겁던 몸도 한결 가벼워진 느낌이었다. 비로소 무언가 비워진 기분. 폭탄주로만 접했던 고진감래의 진정한 의미는 이런 걸까. 이 기분을 우리 선조들은 자기네들끼리만 즐겼단 말이지.

아, 그래서 두 번째 질문에 대답을 더 보태자면, 그렇다.

뛸 때 무슨 생각 하냐고? 쌀보리와 양귀비의 치열한 포지션 서바이벌 같은 것이다. 생각이라고 하기도 민망한 갓난아기의 옹알이 같은 원초적 망상의 나래를 펼친다. 하지만 이런 경우는 정말로 힘들 때의 경우다. 그러니까 너무 고통스러운 나머지 뇌가 만들어낸 탈출로 같은 거다. 물론 '아무 생각 없이 뛴다'라고 말하는 사람들도 많겠지만, 혹시 모른다. 입 밖으로 꺼내기엔 민망해서 말 안 하는 것일지도. 실제로는 나처럼 말하기 어려운 원시적 중얼거림 들로 가득 찬 시간을 보내고 있을지도 모르겠다.

우중런은
실전이야

본격 장마철로 들어섰다. 일기예보를 보니 이번 주 내내
비 소식이 있었다. 아쉬움에 살짝 찌푸려진 미간과 다르게
입가에는 왠지 모르게 미소가 번졌다. 아이고 이번 주 러닝은
못 하게 생겼네. 주말까지 비 소식으로 가득한데 어쩔 수
없잖아? 진짜 뛰고 싶은데 하늘이 막네 이걸. 천재지변을
핑계로 이번 주는 좀 쉬겠다 싶었다. 물론 내 마음대로 쉬어도
되지만 그래도 "어쩔 수 없이" 못 뛰는 편이 구색은 좋았다.
그래도 혹시 몰라 날씨 앱을 계속 들여다봤다. 비가 왔으면
하는 건지, 오지 않았으면 하는 건지 정확히 중간쯤에서
마음을 저울질했다. 중요한 건 주말인데 불안하게 하루가
다르게 날씨 예보가 달라졌다. 기상청과의 눈치 싸움이
시작됐다. 온다… 안 온다…온다… 안 온다… 온…

안 온다.

분명 있던 주말 비 소식이… 사라졌다. 하하하. 원래
계획했던대로 달릴 수 있게 됐잖아? 좋, 좋다! 기상청과의

28

눈치싸움에 졌, 아니 이겼다. 유후….

　다가온 주말 오후, 정말로 하늘을 보니 약간 흐리긴 해도 비가 올 것 같진 않았다. 무거운, 아니 결연한 마음으로 집 밖을 나섰다. 햇빛이 돌지 않는데도 기온은 거의 27도를 웃돌았다. 새로 산 스포츠 브라 위에 싱글렛을 겹쳐 최대한 가볍게 입었다. 에어팟을 끼고 러닝용 음악 셋리스트를 준비했다. 레깅스 주머니에 폰을 슥 밀어 넣고 불광천으로 향했다.

　발걸음을 떼자마자 아까와 달리 머리 위로 먹구름이 다가오는 게 보였다(이때 눈치껏 멈췄어야했다). 분명 예보를 수십 번 확인했기 때문에 대수롭지 않게 넘어갔다. 그러나 1km를 넘어가자, 정수리 위로 물방울 하나가 똑 떨어졌다. 뭐야, 설마 비가 오는 거야? 평소 같았으면 멈추고 집으로 돌아갔을 텐데 왠지 이날은 이상했다. 객기를 부리고 싶었다. 땀으로 젖나 빗물에 젖나 그게 그거 아니겠냐며 계속 전진했다. 어차피 뛰러 나갈 걸 날씨 예보를 계속 들여다본 녀석의 없는 줏대에

자존심이 상한 건지 이리저리 휘둘린 기상청의 농간에 화가
난 건지, 아, 모르겠고 무더운 기온에 몸에 열이 마구 올랐다.
곧바로 빨갛게 뜨거워진 두 뺨 위로 차가운 빗방울이 닿았다.
시원하게 까 벗은 팔다리에도 빗방울이 건반을 치듯 행진곡을
연주했다. 오, 이 경쾌한 선율은 무엇인고. 신세계였다.
팔다리가 절로 행진했다. 즉각적으로 몸에 열기가 내려가는
것 같았다. 후덥지근한 공기도 한층 시원해졌다. 걷고 있는
사람들은 하나둘씩 갖고 있던 우산을 펼치거나, 혹은 급하게
산책로를 벗어났다. 북적북적했던 산책로가 점점 휑해지더니
시야가 뻥 뚫렸다. 왠지 속도도 더 붙는 것 같았다. 뭐야, 이거
신세계잖아?

　　우중 러닝일 때만 볼 수 있는 신기한 광경도 차츰 눈에
들어오기 시작했다. 마라톤 대회에서만 보던 고수들이 보였다.
어떻게 알아보냐고? 진하게 태운 구릿빛 피부에 마른 듯
탄탄한 근육, 소속된 러닝 크루 로고가 박힌 형광색 크루복을

입은 러너들이 빈 산책로 위를 비를 맞으며 달리고 있었다.
모두 떠나기 바쁜 트랙 위를 고수하는 고수들을 따라가다 보니
괜히 나도 선수가 된 것 같았다. 엷은 흥분도 따라왔다. 턱끝을
세워 들고 우쭐대며 따라 뛰었다.

　그렇게 훌쩍 5km 지점을 지나서 6km 쯤 다다랐을
때 결국 돌이킬 수 없는 문제가 발생했다. 빗방울이 차츰
묵직해지더니 이내 세차게 내리기 시작했다. 눈 앞을 가릴
정도로 굵은 빗방울이 얼굴을 때렸다. 단단히 잘못됨을
느꼈다(이제야?) 그런데 달리기를 중단하기에는 너무 멀리
와버렸다. 산책로 입구까지 다시 가려면 족히 1km 이상 남은
상태였다. 눈앞이 빗물로 흐릿해져 눈꺼풀을 제대로 들기도
어려웠다.

　그때부터 낭만이고 나발이고 본격 생존 게임이 시작됐다.
간간이 보이던 고수들은 이미 위기 감지 능력을 발휘해서
일찌감치 돌아간 듯했다. 역시 고수는 고수였어. 주변을

둘러보니 뛰는 사람은 나밖에 없었다. 일찍 알아차려야
했는데…. 머리카락은 이미 물미역이 된 지 오래였고, 뒤늦게
애플워치와 휴대전화가 생각났다. 방수기능이 부디 제
기능을 해주길 기도했다. 휴대전화는 다시 한번 레깅스 뒤쪽
주머니 깊숙이 밀어 넣었다. 객기도 정도껏 부려야 했는데
무슨 부귀영화를 누려보겠다고. 이건 부귀영화가 아니라
재난영화였다. 눈을 겨우 뜨고 입으로 푸우우 소리를 내며
호흡을 이어갔다.

    그렇게 어푸어푸 세수하며 마지막 코너를 돌았다. 그때
맞은편에서 파라솔같은 거대한 우산을 쓰고 천천히 걸어오던
아저씨와 눈이 딱 마주쳤다. 그 순간이 꼭 슬로비디오처럼
흘러갔다. 빗방울 한 톨도 맞지 않겠다는 각오로 조심스럽게
걷는 아저씨와 반대편에서 돌진하듯 달려오는 물미역 괴수의
조우였을까. 아직도 아저씨의 그 측은한 눈빛을 잊을 수가
없다. 웬 젊은 양반이 왜 폭우속에서 우산도 없이 돌진하고

있을까.

다행히 잘 살아서 글도 쓰고 있어요. 아저씨.

겨우 산책로를 벗어나 빗덩이로 두들겨 맞은 충격에
잠시 건물 아래로 비를 피했다. 속옷까지 쫄딱 젖은 꼴을
보니 웃음이 나왔다. 이야. 난 하수였어! 완전히 기상청한테
처참하게 발렸다니까. 다시는 날씨랑 밀당 따위 않겠습니다.
비는 그칠 기미가 전혀 없어 보였다. 계속해서 거세졌다. 건물
유리문에 비친 모습을 보니 폭삭 절인 배추 한 통이 서 있었다.
새로 산 스포츠 브라 신고식 한번 끝내주네….

비록 날씨 예측은 실패했지만 그래도 내 우중 러닝은
실패하지 않았다(이렇게라도 정신 승리를 하지 않으면 그때의 처량한
내 모습이 자꾸 떠오르니까). 우선 몇 시간을 내리 비를 맞은 것
치곤 감기에 걸리지 않았고, 전자기기는 멀쩡했다. 러닝화에는
그날의 참혹한 현장이 진흙물로 베였지만 괜찮았다.
막상 더러워지니까 오히려 마음이 편해졌다. 더는 신발이

문어발 인생, 괴로와

더러워질까 노심초사할 필요가 없어졌다. 우산 없이 시원하게 비를 맞는 게 얼마 만인지 모르겠다. 까짓것 완전히 젖어버리니 속이 다 후련했다.

　　아무도 뭐라 하는 사람 없는 어른들만의 비밀 놀이 같다고 해야 하나. 넌센스 문제처럼 가장 날씬하진 않지만 비사이로 막가는 사람이 됐다. 여하튼 죽여주는 경험이었다니까…. 한 번도 안 뛰어본 사람은 있어도 한 번만 뛴 적 없다는 우중 러닝, 어쩌면 여름을 가장 온몸으로 즐기는 방법 중에 하나가 아닐까.

살아서 만납시다

어느덧 러닝을 시작한 지 5년 차에 접어들었다. 처음 1~2년은 '취미'라고 부르기도 민망할 만큼 띄엄띄엄 뛰었다. 간혹 기분이 울적하거나, 날씨가 어정쩡하거나, 과식을 한 날에만 슬쩍 운동화 끈을 묶었다. 그러다 생애 첫 10km 마라톤 대회를 나간 뒤부터, 러닝은 본격적인 취미의 영역으로 진입했다. 팔자에도 없던 운동이 내 삶에 스며들 줄이야.

그렇게 10km 대회는 일 년에 한두 번씩 간간이 참가했다. 그보다 더 먼 거리는 늘 마음만 굴뚝같고 실천은 내일로 미뤄졌다. 선뜻 도전하긴 겁이 났다. 그래도 마음속 버킷리스트는 분명히 존재했다. 풀코스 마라톤. 물론 버킷리스트니까 '언젠가 죽기 전엔 도전해 보겠지'라는 막연한 생각이었다. 10km도 헉헉대며 겨우 완주하는 나에게 풀코스는 신의 영역이었다. 어쨌든 풀코스 마라톤을 도전하려면 그 전에 하프코스를 경험해봐야 했다. 그래 뭐 힘들어 봤자 잠시 걷는 거밖에 더 되겠어? 완주라도 해보자는 결심으로 마침 접수 중이었던 〈손기정평화마라톤대회〉 하프 코스를 덜컥 신청해 버렸다.

그 길로 동네 러닝메이트이자 요가원 선생님 숙T와 함께 홍제천, 한강, 여의도에서 하프 마라톤을 위한 훈련에 본격 돌입했다. 신기하게도 뭐가 됐든 하프를 뛸 수밖에 없는 운명에 처하다 보니 그토록 힘들었던 10km도 가뿐히 완주하는 체력을 갖추기 시작했다. 우리는 15km까지 뛰어보며 장거리 달리기를 버틸 수 있는 몸을 조금씩 만들어갔다. 소소하지만 우리끼리 나름 크루복도 하나 맞췄다. 이름하여 프리미엄 소수정예 크루 "런드리 클럽"二 꽤 그럴듯하게 선수 같은 면모도 갖췄다.

二 '나들이'면서, 'laundry(세탁)'의 의미를 담은 클럽이다. 정신 세탁에 러닝만큼 효과가 좋은 운동이 없다는 걸 깨달아서 만들었다. 사실은 아무도 들어오겠다는 사람이 없어서 강제로 소수클럽이 됐다. 언제든 가입은 열려있다.

대회 당일 아침, 늘 그렇듯 컨디션은 최고와는 한참
거리가 멀었다. 전날부터 설렘과 불안이 시소게임을 하며 잠을
설쳤고, 약간은 몽롱한 정신으로 배번호와 기록칩을 챙겨
들었다. 집에서 따릉이를 타고 가볍게 달려 평화의 광장에
도착하자, 이미 수많은 러너가 이른 아침부터 광장을 빼곡히
메우고 있었다. 날씨는 쌀쌀했다. 뛰기엔 최적의 날씨였다.
하지만 뛰기 전까지는 꽤 추워서, 스트레칭으로 몸을 풀며
체온을 조금씩 끌어올렸다. 가져온 에너지젤을 함께 뛸 나의
전우 숙T와 나눠 먹었다.

출발 시간이 다가오고, 출발 대기 선에 섰다. 보통은
초고수 러너들이 선다는 그곳, 출발선 가까이에 비집고 들어가
뻔뻔하게 자리를 잡았다. 초보 주제에 초반 병목 현상으로
페이스가 조금이라도 지체되는 건 또 싫었다. 출발 신호가
울리고, "살아서 만납시다"며 비장한 표정으로 어깨를 두드린
뒤 첫발을 내디뎠다.

문어발 인생, 괴로와

초반에는 언제나처럼 많은 러너들이 내 앞을 휙휙 스쳐
지나갔다. 첫 대회에서 저질렀던 '꼭 내가 꼴등일 것 같은
조급함'에 오버페이스를 하는 실수도 이번엔 하지 않았다. 초반
거리일수록 절대 페이스를 놓치면 안 된다. 천천히, 생각했던
페이스를 꾸준히 유지한 채 박자에 맞춰 발을 굴렀다. 찬
바람이 시원하게 뺨을 스쳤다.

코스 양옆에서는 응원단의 박수 소리와 함성이 끊이지
않았다. 그 에너지 덕에 10km까지는 생각보다 훌쩍 달렸다.
그리 힘들지 않았고 무너지지도 않았다. 응원하는 사람들과
하이파이브도 해보고, 포토그래퍼 앞에서는 브이 하는
여유까지 생겼다. 곳곳에 이어지는 응원에 절로 힘이 났다.
혼자 뛸 땐 전혀 느낄 수 없는 대회가 주는 축제의 환희를
발걸음마다 만끽했다. 그래, 이거지! 이 맛에 돈 주고 대회를
나간다니까. 그저 혼자만의 기록 싸움인 줄 알았던 달리기가
한마음 한뜻으로 모인 수천 명의 사람들이 함께 호흡하고

같은 곳을 바라보며 진한 땀방울을 공유하니, 가슴속 뜨거운
무언가가 끓어오르는 기분이었다.

하지만 축제의 환희를 만끽하는 여유도 잠시, 13km를
지나자 첫 번째 고비가 찾아왔다. 그럼 그렇지. 어쩐지
순탄하게 달려왔다 싶었다. 눈에 띄게 체력이 뚝 떨어졌다.
몸이 천근만근 무거워지더니 뛰는 건지 걷는 건지 모를 애매한
뜀박질이 시작됐다. 정신을 부여잡고 눈앞에 있는 아무 러너를
찜해서 페이스메이커 삼아 그 사람의 등짝만 보고 천천히
규칙적으로 발을 굴리기 시작했다. 지금 내게 필요한 건 에너지
젤일까, 물일까. 어떻게든 기운을 끌어올려야 했다. 하지만 이미
출발하기 전에 에너지젤은 시원하게 까잡쉬 먹었고, 급한 대로
얼른 급수대로 달려가 스치듯 종이컵을 휙 낚아챘다.

급수대에서 물을 마신 경험은 이번이 처음이었다.
10km에선 굳이 마실 필요가 없었다. 의외로 물을 입에다
온전히 갖다 바치는 일은 생각보다 난이도가 있었다. 페이스를

놓칠세라 흔들리는 팔로 손목 스냅을 활용해서 종이컵에 있는 물을 입에 던지듯 골인을 시도했다. 소주잔으로 입에다 소주를 휙 털어 넣던 경험을 그리며 멋지게 시도했지만, 결과는… 그냥 시원하게 안면 가득 물세례를 받은 사람이 됐다. 입안에 들어온 건 세 방울 정도는 됐을까. 허탈한 웃음과 함께 아쉽게 입맛을 다시며 종이컵을 구겨 던지곤, 다시 뛰는 일에 집중했다. 내가 찜해놓은 페이스메이커를 얼른 눈과 발로 쫓아갔다.

18km쯤 다다르자 두 번째 고비가 찾아왔다. 이건… 처음 겪는 새로운 차원의 고통이었다. 그러니까 그전에 뛰면서 느낀 고통을 가뿐히 뛰어넘는 레벨이었다. 허벅지가 돌처럼 굳어지며 실시간으로 근육통이 찾아오는 건 기본이었고, 발바닥과 다리뿐만 아니라 팔과 어깨까지 저릿저릿해졌다. 한 발짝 한 발짝 나설 때마다 온몸에 번개가 번쩍 치는 듯했다. 와, 이렇게 견디기 힘든 고통을 풀코스를 뛰는 사람은 앞으로

25km 동안 고스란히 느낀다고? 그렇게 풀코스를 향한 도전이 한 점이 되어… 아주 멀리 저 안드로메다로 날아갔다. 결국 치솟는 통증에 뜀박질을 멈추고 잠시 걸었다. 허리춤을 붙잡고 거친 숨을 몇 번에 나눠 몰아쉬었다. 걷는데 시간을 오래 지체할 수 없었다. 얼른 다시 발을 굴렀다. 천천히 페이스 회복에 집중하기 시작했다.

그때, 전화가 울렸다. 친구 H였다. 사실 이 대회에 참가한 사람은 나와 숙T 둘이 아니라 H까지 있었는데, 우연히 그의 참가 소식을 알게 되면서 대회장에서 만난 상황이었다. 그는 풀코스 경험이 있는 나름 베테랑이었고 이미 1시간 48분대로 하프코스 피니시라인을 통과해서 나에게 전화를 건 것이었다. 전화를 받자마자 그가 말했다.

"지금 어디까지 왔어?"

"ㅈ금… 허억… ㅅ팔!!!키ㄹ!"

"뭐라고? 시팔?"

　　　　　　　　　　　　문어발 인생, 괴로와

"아니, 아니!! 18km 지나고 있다고!! 끊어!"

"금방이네. 화이팅!"

하필 '십팔'킬로에 전화가 와서 '십팔'을 뱉은 덕분인지 알 수 없는 분노가 끓어올라 그 기운으로 에너지를 한 번 더 끌어올렸다. 삐그덕거리는 몸을 이끌고 마지막을 향해 한 발 한 발 내디뎠다.

마지막 코너를 돌았다. 환호성과 어수선한 현장 소리가 귓가에 차츰 가까워졌다. 드디어 결승선이 보이기 시작했다. 절대 닿지 않을 것 같던 결승선이 눈앞에 나타나니 도무지 실감이 나지 않았다. 내가 이걸 해내다니. 몇 발짝 앞에서 온갖 감정이 물밀듯 밀려왔다. 서러움인지 고통인지 안도감인지 분간할 수 없는 복잡한 감정이었다. 마지막 한 발을 내디디며 결승선을 통과한 순간, 기록칩에 반응한 센서 음과 함께 내 첫 하프마라톤을 그렇게 마무리했다.

기록은 2:00:58.95.

놀라웠다! 목표로 삼았던 2시간 10분보다 9분이나 앞당겨 도착했다. 와, 이게 가능한 거였어? 안전하게 부상 없이 달려준 내 무쇠 다리에 정말 고마웠다. 2시간 내내 괴로움에 허덕이며 달린 지난한 과정이 완주라는 만족감과 개인 최고 기록까지 세우며 짜릿한 전율로 뒤바뀌는 순간이었다. 곧이어 숙T도 결승선을 통과했다. 우리는 절뚝거리는 다리로 서로를 찾아 얼싸안고 다독였다. 잘 살아 돌아왔군요!

그렇게 호되게 당하고도 완주 끝에 찾아온 희열은 달콤했다. 마의 '십팔' km에서 잠시 멀어졌던 마라톤에 대한 꿈이… 다시금 눈앞에 아른거렸다. 직감했다. 나는 이 마라톤 굴레에 벗어날 수 없다는 걸, 아마도 나는 이 달리는 고통과 시련을 알고도 계속해서 도전하게 될 것이라는 걸.

신기했다. 내가 운동을 즐기는 날이 오다니. 그것도 달리기를. 평발인 들이여, 일어나십시오. 학창 시절 달리기는 늘 꼴등을 차지했던 제가, 체육 시간만 되면 자신감이 위축돼

문어발 인생, 괴로와

깍두기를 자처했던 제가, 못난 발바닥 하나에 온전히 의지해서 두 시간을 내리 쉼 없이 달렸습니다! 얼른 발바닥에다 뽀뽀를 해주…(다시 안아주시고요).

그리고 다시금 쌀쌀해지는 가을, 나는 망설임 없이 오는 11월에 열릴 〈손기정평화마라톤대회〉를 접수했다. 풀코스는 아직 먼 이야기지만, 한 번 더 하프코스에 도전한다. 이번엔 두 시간 안으로! 무엇보다 중요한 건 안전하고 즐겁게.

기억하자. 당장은 힘들고 괴로워도 결승선은 당신을 향해 두 팔 벌리고 기다리고 있다.

고수들의
놀이터

"이거 하면 살 빠져요?"

요가원을 등록할 때 내가 던진 첫마디였다. 지금 생각하면
참 오만하기 짝이 없는 민망한 질문이다. 그때 내가 생각한
요가는 양반다리를 하고 엄지와 중지를 둥글게 맞댄 채 무릎
위에 올려 명상하는, 혹은 한 다리로 서서 합장하는, 그런
정적인 운동이었다(지금 와서 자신 있게 얘기하자면 요가는 땀을 정말
많이 흘리는 운동 중 하나다). 요가? 글쎄, 땀이 나긴 할까? 편견이
가득했다.

그럼에도 요가를 등록한 이유는 자세 교정이었다. 타고난
거북목 수저에, 라운드 숄더, 말린 어깨, 평발. 한마디로 자세란
자세는 전부 망가져 있었고, 관절 하나하나가 다 못생겨선
서로 싸우고 있었다. 특히 러닝을 할 때마다 그 엉망진창인
체형이 고스란히 드러났다. 5km만 뛰어도 어깨 한쪽이
뻐근했고(그때 당시에는), 무게 중심은 유독 한쪽 발에 쏠려
있었다. 러닝하고 나면 몸 어딘가가 꼭 저릿저릿했다.

그래, 요가를 해보자. 요가할 때만이라도 '바른 자세'로 있어 보자. 그 일념 하나로 요가원을 찾아갔다. 원래는 3개월만 등록하려던 나는 지점장님의 신들린 영업에 넘어가 결국 1년 치를 등록했고, "살 빠지나요?"라는 내 질문에 돌아온 대답은 이랬다.

"빠지는 분도 계세요! 식단 병행하셔서 10kg 넘게 빠진 회원님도 계시고요."

어딘가 선택적이고 묘하게 회피적인 답변이었지만, 뭐, 상관없었다. 그래도 새로운 운동을 시작한다는 것만으로 기대가 부풀었다. 까짓것, 제대로 한번 해보자. 대부분의 요가원이 그렇듯, 이곳도 수련은 아침반과 저녁반으로 나뉘어 있었다. 마침, 집과 회사 모두 요기원에서 가까웠고, 출근 시간도 비교적 여유로운 편이라 고민 끝에 아침 수련을 선택했다. 좋아, 나도 드디어 미라클 모닝을 해보는 거야.

요가원에는 월별 시간표가 게시되어 있었다. 하타, 빈야사,

핫요가, 테라피… 한 번도 들어본 적 없는 이름들이 시간대별로
빼곡하게 적혀 있었다. 난이도에 따라 수업의 이름색상이
달랐는데, 진할수록 높은 난이도, 연할수록 비교적 쉬운
클래스였다. 보자 보자. 내가 처음 듣게 될 수업이 무엇인고
하고 들여다보니 진한 고동색으로 적혀 있던 '아쉬탕가'였다.

　　이효리가 하던 요가라고 TV에서 봤던 기억이 났다.
아쉬탕가. 발음부터 호흡의 멋이 느껴졌다. 이름에서 묵직한
수련의 역사가 느껴졌다. 하지만 저는 인생 첫 요가인데
감히 이 수련을 누려도 되는 걸까요. 나무를 통으로 조각해
놓은 듯한 뻣뻣 인간 그 자체인데 가서 망신만 당하는 게
아닌지, 망신이 뭐야 아예 질려버려서 도망 나오는 건 아닌지.
걱정이 앞섰지만, 우리 영업왕 지점장님께는 맑은 광인의
눈으로 "소현님! 어려울 순 있지만 분명 할 수 있을 거예요!
제가 기도할게요."라고 했다. 영혼 없지만 맑은 응원이었다.
"수업 들을 때 맨 앞줄 선생님 바로 옆자리에서 수련하셔요."

　　　　　　　　　　　　　문어발 인생, 괴로와

초심자를 향한 조언도 아끼지 않았다.

　…그래서 그렇게 자의 반 타의 반, 긍정 회로를 풀가동하며 첫 수업에 들어갔다. 꼭 호랑이 굴에 들어가는 기분이었다. 아침 시간엔 사람 없을 줄 알았는데, 웬걸. 생각보다 사람이 많았다. 출근 전 이 고요하고 정적인 시간에, 부지런히 움직이는 사람들이 이렇게 많았다니. 대부분 중년의 여성분들이었고 묘하게 안심이 됐다. '그래도 조금이라도 젊은 내가 체력은 더 낫지 않을까?'라는 근거 없는 자신감도 살짝 생겼다.

　쭈뼛쭈뼛 수련장 안으로 들어가 지점장님 말씀대로 선생님 바로 옆자리에 매트를 폈다. 양반다리로 앉아 슬쩍 주변을 둘러보니, 이미 다들 각자의 루틴으로 몸을 풀고 있었다. 누군가는 다리를 찢은 상태로 수다를 떨고 있었고, 누군가는 허리를 납작하게 접어 발끝에 머리를 닿을 듯 말 듯 늘이고 있었다. 그제야 깨달았다. 아침 수련은 고수들의 놀이터라는 걸.

안돼. 이건 아니야. 그냥 나갈까? 망설이던 순간, 선생님이
등장했고 문이 닫혔다. 정적을 깨는 선생님의 하이텐션 인사에
느슨했던 허리를 바짝 세웠다.

"자, 오늘도 반갑습니다. 오늘 아쉬탕가 처음인 분?"

선생님은 긴장감에 목각인형처럼 굳어있는 나를
곧바로 캐치했다. 다행이었다. 초보라는 걸 대놓고 어필할
수 있었다. 손을 만두 모양으로 만들어 앙다문 입술 옆으로
살짝 갖다 댔다. 수업은 곧 시작됐다. 나는 정신없이 앞, 뒤, 옆
사람들을 보며 어영부영 따라 움직이기 바빴다. 아쉬탕가에는
팔굽혀펴기와 비슷한 '차투랑가 단다 아사나'라는 자세가
수십 번 등장하는데, 팔에 힘이라곤 하나도 없던 나는
그대로 OTL 자세가 되어 매트 바닥에 얼굴을 계속 조아렸다.
그야말로 좌절의 연속이었다. 몸은 꿀렁꿀렁, 자세는 흐느적.
수업 말미엔 팔이 후들후들 떨렸고, 결국 바닥에 널브러진 채

중력에 굴복했다.

　마지막은 머리서기로 수련을 마무리했다. TV에서만 보던 그 요가 자세를, 설마 첫날부터 하게 될 줄이야. 아니, 직관하게 될 줄이야. 나에겐 곡예나 다름없던 시르사아사나에 지레짐작 겁부터 먹었다. 정수리를 바닥에 대고 손으로 감싼 채 허리를 세우고 조심하게 콩콩 점프를 했다. 물론 발은 공중에 단 10cm도 뜨지 않았다.

　뒤로 넘어갈까 봐 무서웠고, 정수리로 중심을 잡고 선다는 게 과연 인간이 할 수 있는 일인지 의심스러웠다. 일찌감치 포기하고 거울로 주변을 훔쳐보니, 고수들은 역시 달랐다.

　모두 바닥에 못을 박아놓은 듯 꼿꼿하게 서 있었다. 단단히 고정된 인간 못들 사이에서, 거친 숨을 몰아쉬며 헝클어진 머리로 내동댕이쳐진 장작 하나가 있었으니… 그건 바로 나였다. 그렇게 나의 첫 요가는 좌절과 다짐의 경계에서 조용히 시작되었다.

여긴
무술 수련장이라고

요가를 시작한 지 8개월 차 됐을 때였다. 당시 나는 1년도 안 된 요기니임에도 불구하고 급성 요가중독에 빠져있었다. 매일 실패한 아사나들과 미지의 도전 과제로 머릿속이 가득했고, 나보다 5년 먼저 시작한 요가 선배이자 고등학교 동창인 B에게 전화해 요가에 대한 열정을 토해내곤 했다. B는 비올리스트였지만 요가 지도자 자격증을 따서 가르치는 일도 병행하고 있었다. B는 뜬금없는 내 전화에도 요가 선배답게 침착하고 차분하게 나의 요가 고충을 들어줬다. 17년째 이어진 우리의 우정에 갑자기 요가라는 새로운 카테고리가 생겨난 것이다. B와 나는 서로에게 요가에 대한 열망을 쏟아냈다. 그렇게 평화롭던 어느 날, 갑자기 B로부터 카톡이 한 통 도착했다.

"요가 여행 가자."

요가와 여행이라니, 굉장히 끌리는 두 단어였다. 대문자 J형 인간인 우리는 일사천리로 비행기표를 결제하고 계획을

세우기 시작했다. 급하게 잡은 여행인 만큼 길게 다녀오진
못했지만, 목표는 2박3일 동안 요가원을 순례하는 것이었다.

"꼭 가봐야 할 곳이 있어."

B가 단호하게 말했다.

"어딘데?"

"아난드 요가"

닥쳐올 혹독한 미래도 모른 채, 친구의 주도하에 첫 번째
요가원이 결정됐다. 하타 요가의 성지라 불리는 제주 요가원은
달라도 뭔가 다를 것 같았다. 김해에 사는 B는 김해에서, 나는
서울에서 각자 출발해 제주공항에서 아침 일찍 만났다. 곧바로
아난드 요가원으로 향했다. 그때까지는 긴장보다 설렘이
가득했다. 그 요가원을 마주하기 전까지는.

건물 앞에 도착해서보니 간판부터 범상치 않은 기운이
풍겼다. 붓으로 힘차게 쓴 "모든 게 흐름 안이라"라는 문구
위로, 가부좌를 틀고 손과 발 모두 합장한 채 앉아 있는 아난드

선생님의 사진이 걸려있었다. 턱수염은 가슴까지 길렀고, 희끗희끗한 하얀 머리카락을 바짝 묶은 한 명의 도인. 심지어 누끼까지 따서 마치 공중 부양을 하는 듯한 구도로 사진이 걸려있었다. 압도적 포스가 느껴졌다.

"나 못 들어가겠어. 무서워."

건물 안으로 발걸음이 쉽게 떨어지지 않았다. 내가 올 곳이 아니었다. B도 덤덤한 척했지만, 긴장감이 역력해 보였다. 하지만 상황은 이미 돌이킬 수 없었다. 침을 꼴깍 삼키고 요가원으로 들어갔다. 안으로 들어서자마자 태권도장에서나 볼 법한 초록색 타일 바닥부터 눈에 들어왔다. 잠깐만요? 이건 우리가 알던 평범한 요가원이 아니야.

이곳은… 무술 수련장이었다.

우린 30분 일찍 도착했지만, 이미 열 명쯤 되는 도반들이 요가 매트도 없이 맨바닥에서 각자의 방식으로 몸을 풀고 있었다. 바닥을 살짝 두드려보니 가벼운 플라스틱 소리가 났다.

아, 여긴 넘어져도 머리가 깨질 일은 없겠구나. 안도감과 동시에 그 사실이 오히려 나를 더 공포에 떨게 했다. '격렬한 수련'의 냄새가 진동했다. 혹시 모를 도주를 위해 본능적으로 우리는 문 바로 옆에 자리를 잡고 스트레칭을 시작했다. 엄숙함과 진지함이 공기 중에 뿜어져 나왔고, 우린 빨리 그 공기에 적응해야만 했다. 그건 그렇고, 간판 속에 걸려있던 선생님이 보이지 않았다. 주변을 슬쩍 둘러보니 벽 모서리에서 누군가가 철봉에 끈으로 몸을 맡긴 채 거꾸로 매달려 있었다. 요가 도인, 아난드 선생님이었다.

선생님은 누가 새로 왔건 말건 우리를 신경 쓰지 않고 수련 시간이 다가오자 파드마아사나三와 함께 명상에 들어갔다. 선생님의 명상과 함께 수련은 시작됐다. 요가 산스크리트어에 아직 익숙지 않은 나는 주변 도반들을 열심히 곁눈질하며 선생님의 큐잉을 따라갔다. 도인의 큐잉은 뭔가

三 명상 자세의 대표. 다리를 교차해 발을 허벅지 위에 올리는 좌식 자세.

달랐다. 영화에나 나올 법한 탁한 목소리로 공간을 채웠다.

"허리를 더 비틀어라."

"손바닥을 바닥으로 더 밀어라."

한 번도 느껴본 적 없는 영화 속 무술 관장님 같은 카리스마였다. 시작은 허리 비틀기와 깊은 스트레칭으로 요추를 충분히 풀었고, 여기까지는 꽤 순조롭게 흘러갔다. '오, 뭐야, 할 만한데?' 라고 생각하는 순간, 곧바로 차투랑가 단다아사나 지옥이 펼쳐졌다. 쉽게 말해 팔굽혀펴기다. 평소에 팔굽혀펴기 세 개도 제대로 못 하는 데 스무 개라니. 내 배는 꿀렁꿀렁 하며 물 밖으로 나온 뱀장어처럼 버둥거렸다.

한고비 넘기나 싶었는데 바로 에카파다 코운딘야^四에서 간다베룬다^五로 연결하는 아사나로 이어졌다. 숙련자들은

四   바닥에 두 손을 짚고 몸 전체를 팔로 들어 올린 후, 한쪽 다리는 옆으로 빼고 다른 다리는 뒤로 들어 올려 공중에 띄우는 자세.

五   상체를 거의 바닥에 붙인 채 다리를 머리 위로 완전히 젖히는 강력한 백밴드 역자세.

거기서 그치지 않고 백 밴딩으로 머리 뒤로 발을 바닥에 '착!' 착지한 다음 카포타아사나六, 우르드바아사나七, 심지어 컴업까지 도전했다. 유튜브에서 구경만 하던 고난도 아사나를 내가 하게 될 줄이야. 하지만 내가 이 모든 걸 소화하기엔 나는 요가 내공이 턱없이 부족했다. 내 의지와 상관없이 고통스러운 신음이 절로 새어 나왔다. 초록색 타일 위로 구르고 떨어지고 부딪혔다.

정신없이 산발이 된 채 선생님의 시선을 피해 잠시 수련을 몰래 멈추고 주변 숙련자들을 넋 놓고 구경했다. 저건 저렇게 하는 거구나…. 멋있었다. 다시 한번 확신했다. 여긴 무술 현장이다. 우리 빼고 모두 브루스 리였다.

나보다 내공을 더 쌓은 B의 상황도 녹록지 않아 보였다. 마치 두 마리 민물 개구리가 실수로 바다에 빠진 것 같았다.

六 무릎을 꿇고 앉은 상태에서 상체를 깊게 뒤로 젖혀 팔로 발을 잡는 자세.
七 누운 자세에서 시작해, 팔과 다리의 힘으로 몸을 활처럼 위로 들어 올리는 동작.

서로의 모습이 너무 우스웠지만 웃을 수도 없었다. 이곳은 엄숙하면서도 격렬함이 공존하는 현장이었으니까.

"시도라도 해봐라!"

깜짝이야. 저 멀리서 아난드 선생님의 목소리가 울렸다. 누구를 향한 말인지 느낌적으로 알 수 있었다. 필사적으로 외면했지만, 그가 점점 가까이 다가오고 있었다. 제발 오지 마세요. 오지마세요. 간절하게 빌었지만, 선생님은 힘없이 엎어져 있는 내게 와서.

"손을 뒤로 뻗어 발목을 잡아라."

나는 바닥에 엎어진 채로 고분고분 무릎을 90도로 접고 팔을 뒤로 뻗고 고개를 들어 상체를 세웠다. 선생님께서 파당구쉬타 다누라아사나[八] 핸즈온을 해주시려는 듯했다. 올 게 왔구나. 양손을 뒤로 뻗어 먼저 발목을 잡으면 그냥

[八] 전신을 바닥에 대고 엎드린 상태에서 시작하여 팔과 다리를 동시에 들어 올리며, 발가락(또는 발)을 손으로 잡아 몸을 활처럼 휘는 동작.

다누라아사나지만 그 상태에서 팔을 위로 뻗어 겨드랑이가
하늘을 향하게 해 발등을 잡으면, 몸이 동그란 모양의
활자세가 되면서 파당구쉬타 다누라아사나가 된다. 어깨
가동 범위가 좁고 코어가 부족하면 할 수 없는 아사나였고. 난
당연히 둘 다 부족했다.

　　파당구쉬타로 연결하기 위해 팔을 위로 뻗어 뒤에 있는
발로 향했다. 선생님은 손발을 닿게 하기 위해 다리로 내
양어깨를 앞에서 밀어주셨다. 그러다 보니 선생님의 무릎
사이로 내 얼굴이 껴있는 상태가 됐는데, 서로 민망한 상황을
피하기 위해서라도 허벅지 힘과 복부 힘으로 단다를 잡고
상체를 수직으로 더 들어올려야 했다. 허리가 끊어질 것 같은
고통이 밀려왔다. 내 의지와 상관없이 선생님께선 내 허리가
고이 접히도록 친절히 밀었다. 안 해주셔도 되는데요! 나도
마음 같아선 허리를 위로 쑥 들어 올리고 싶었지만, 자꾸
바닥을 향해 상체가 기울어졌다. 쏟아지려고 할 때마다 선생님

무릎 사이로 얼굴이 파묻혔고, 얼굴은 짜부라졌다. 숨을
쉬어야 하는데 얼굴이 완전히 다리 사이에 파묻히다 보니
숨이 잘 쉬어지지 않았다. 죽기 살기로 고개를 옆으로 돌렸다.
얼굴이 짜부라진 채로 고통스러워하는 나와 B가 순간 눈이
마주쳤다. B는 친구의 애처로운 발버둥에 안타까워하면서도
힘껏 찌그러진 내 얼굴을 보고는 터져 나오는 웃음을 억지로
참고 있었다.

　　"손에 힘을 빼라!"

　　사경을 헤매는 와중에 선생님의 외침이 뚫고 들어왔다.
힘을 빼라고요? 손이 뭐고 힘은 뭐죠? 얼굴로 피가 전부
몰리는 듯했다. 힘이고 나발이고 뺄 정신이 없었다. 손이 어디에
있는지 발과 얼마나 가까이 있는지 전혀 감이 오지 않았다.
뭘 어떻게 힘을 빼라는 건지 모르겠습니다! 라고 소리치고
싶었지만 내 주둥이에선 짓눌린 신음만 터져 나왔다. 결국은
손이 발에 닿지 않았고, 선생님도 더는 안된다 싶었는지 그냥

　　　　　　　　　　　　　　　　　　문어발 인생, 괴로와

획 하고 뒤돌아 가셨다. 냉정도 하셔요. 선생님.

퍽! 하고 팔다리와 얼굴이 바닥에 내동댕이쳐졌다. 초록색 타일이 또 한 번 나를 살렸다. 허리가 두 동강 난 게 아닌지 손을 더듬어 허리를 만졌다.

잘 붙어있었다.

하지만 수련은 끝날 때까지 끝난 게 아니었다.

"시르사아사나, 머리 서기 10분"

도반들은 모두 아무렇지도 않게 일제히 무릎을 꿇고 정수리를 바닥에 두고 양손으로 머리를 감싼 후 시르사아사나를 준비했다. 다행이었다. 그나마 자신감 있게 할 줄 아는 고급 아사나였다(이날을 위해 다니던 요가원에서 점장님과 선생님의 족집게 과외를 받았다). 그렇게 시르사아사나까지 무사히 지나가고 깊은 전굴과 후굴로 얼얼해진 요추를 풀어주는 스트레칭으로 마무리했다.

끝나지 않을 것 같던 전쟁 같은 80분의 수련이

끝나고 우리는 '대'자로 뻗었다. 땀으로 범벅돼 이마에 붙은 머리카락을 손으로 천천히 떼어냈다. 사바아사나를 끝으로 이완의 시간을 가졌다. 80분 동안 나의 모든 애씀을 매트 아래 깊은 곳에 내려놓았다. 모든 근육과 뼈를 바닥에 툭 떨구고 나니 내 심장 박동 소리만 들렸다. 창문 사이로 바람이 솔솔 불었고 은은한 햇빛이 감은 눈 위로 천천히 가라앉았다. 정신이 아득해졌다. 사바사나의 의미를 그때야 깨달았다. 요가원에 오기까지 긴장했던 몸과 마음의 짓누르던 무게가 모두 사라지는 듯했다. 그렇게 우리는 수련이 끝나고도 꽤 오랫동안 일어나질 못했다.

첫 번째 무술장, 아니 요가원에서의 수련은 몸 구석구석이 각성한 듯 개운하고 가벼워지는 경험이었다. 하지만 초록색 타일을 한 번 더 마주하는 건 아무래도 힘들 것 같아.

요가는
데미 무어의 그녀처럼

사람은 무언가에 순식간에 빠지면 단 몇 번의 경험으로
그 세계를 다 안다고 착각해 버린다… 라는 말은 다름 아닌
나를 두고 하는 말이다. 요가를 시작한 지 1년 차가 넘어가자,
나무토막 같던 몸도 지속적인 기름칠로 점차 말랑말랑해졌고,
수련을 꾸준히 이어가면서 닿을 리 없다고 여겼던 손끝이,
멀게만 느껴졌던 발끝이 어느새 만나기 시작했다. 따로 놀던
관절과 근육들이 '유미의 세포들'처럼 이렇게 한마음 한뜻이
되어 움직인 적이 있었던가! 내게도 운동신경이라는 게
존재했었다니, 3n년 동안 한참을 찾았잖아….

근력과 유연성이 하루하루 눈금을 타고 조금씩
상승곡선을 그렸다. 때마침 나는 친구와 제주도로 요가
유학(2박3일이었지만)도 다녀왔고, 무시무시한 초록 타일 위로
머리도 찧어봤고, 무림 고수의 놀이터에 겁도 없이 기어들어
갔었다는 이유만으로 나도 진정한 요가인이 되었다고 믿었다.
실력과는 전혀 상관없이 어디서 튀어나왔는지 알 수 없는

자신감이 하늘⋯ 까지는 아니고 천장을 찔렀다.

　어느새 요가원이 내 집 드나들듯 편해지다 보니 나와
같은 시간에 수련하는 도반들도 한두 명씩 눈에 익기
시작했다. 1열 오른쪽 구석 자리, 파란색 룰루레몬 매트
위에서 조용히 모든 아사나를 섭렵하는 숙련자도 있는가
하면, 늘 맨 뒷줄 끝에 자리를 잡고는 수업은 열심히 듣지만
몸이 안 따라와 주는 아사나에선 깔끔하게 포기하고 대자로
누워있는 '매트 프로텍터'도 있었다. 또 구릿빛 피부의 탄탄한
근육질을 가진 데미 무어를 닮은 언니도 있었는데, 특히 데미
무어 언니는 시선을 끌 수밖에 없었다. 그는 검은색 웨이브
머리를 찰랑거리며 때로는 머리를 땋아서 수련하기도 했고,
긴 팔다리를 시원하게 쭉쭉 뻗으며 유연성은 물론 근력까지
모두 갖춘 힙한 요가인이었다. 어깨에는 멋진 타투가 있었고
손발톱의 네일 덕분인지 그가 뻗어내는 손끝은 유독 우아하고
힘이 느껴졌다.

　　　　　　　　　문어발 인생, 괴로와

저마다의 속도와 흐름으로 요가에 임하는 사람들과 늘
함께 수업을 듣다 보니 나도 모르게 그들과 내적 친밀감이
쌓이고 있었다.

한번은 아쉬탕가 수련이 있는 날이었다. 아쉬탕가는
정해진 일련의 동작들을 숨과 함께 연결해 흐르듯 수련하는
요가인데, 후반 시퀀스에는 시르사아사나(머리서기)를 해야
한다. 당시 머리서기만큼은 꼭 성공하고 싶었던 나는 거실
벽을 동반자 삼아 집에서 집요하게 연습한 덕에 지금은 비교적
안정적으로 머리서기를 할 수 있게 된 상태였다.
대략 20명의 도반 중 머리서기를 할 수 있는
사람은 평균적으로 3~4명 정도였고, 나머지는 살람바
시르사아사나(어깨서기)로 대체하곤 했다. 그 중 데미 무어님은
다른 아사나는 완벽하게 해냈지만 유독 머리서기에 약한
모습을 보였다. 매번 성공하는 듯했다가 결국 중심을 잃고

넘어지곤 했다. 머리 서기를 끝낸 나는 맞은편 거울을 통해
머리 서기를 시도하는 도반들을 지켜봤다. 그날도 데미
무어님은 아슬아슬하게 머리 서기를 시도하고 있었다. 그를
걱정 어린 눈으로 바라보며 마음으로 계속 응원의 메시지를
보냈다. 분명 할 수 있을 거 같은데 두려움 때문일까, 결국
서보지 못하고 아쉽게 실패하는 모습에 진심으로 안타까웠다.
'어깨에 기대지 말고, 지구를 든다고 생각하고 해봐요!', '목과
팔꿈치를 더 꼿꼿하게 세워요!'라고 외치고 싶은 마음이 목
끝까지 차올랐다. 여태 몇 번을 지켜보다 도저히 안 되겠다
싶어 나는 잠시 끊었던 오지랖 버튼을 끝내 눌렀다. 아쉬탕가가
끝나고 탈의실에서 데미 무어님에게 기다렸다는 듯 슬쩍
다가갔다.

"머리서기 쉽지 않죠?"

자연스럽게 운을 뗐다.

"잘하시던데요? 저는 참 쉽지 않더라고요."

문어발 인생, 괴로와

데미 무어님은 말을 걸어오는 나에게 따뜻한 눈인사와 함께 상냥하게 대답했다.

"팔꿈치와 어깨를 바닥에 기대지 말고, 민다고 생각하고 해보세요. 저도 집에서 엄청나게 연습했거든요!"

그에게 당당하게 내 노하우(그래봤자 집에서 그냥 영상 보고 연습한 게 전부였지만)를 전수했다. 조금이라도 도움을 주고 싶었다. 거기까지만 해야 했는데 한술 더 떠서 조금만 하면 될 거 같다고 열심히 해보라는 격려까지 아끼지 않았다. 데미 무어님은 한참 동안 듣다 인자한 미소를 지으며 대답했다.

"고마워요. 사실 집에서 연습을 안 해본 건 아니에요. 저도 선생님이다 보니…"

"아, 직업이 선생님이세요? 어떤 걸 가르치세요?"

"아, 저는 벨리댄스 선생님이고요. 요가도 가르치고 있어요."

…맙소사.

66

그렇다. 알고 보니 데미 무어님은 요가 지도자였다. 선생님께 내가 요가에 대해서 조언하는 사상 유례없는 결례를 저지르고 만 것이다. 그제야 퍼즐이 맞춰지듯 그의 탄탄한 근육질 체형이 이해됐다. 그래, 그건 한두 해 수련해서 만들어지는 몸이 아니었고, 나는 여전히 못 하는 하누만 아사나(다리 찢기)와 깊은 후굴을 그는 숨 쉬듯 쉽게 했었다. 그건 일반 수련자의 영역이 아니었다. 고작 머리서기 하나 잘한다고 잘난 척했던 방금 전의 내가 몹시 부끄러웠다. 어딘가 당장 숨고 싶었다. 마음속에 있던 오지랖 버튼을 주먹으로 박살 냈다. 얼굴이 삽시간에 빨개졌고 부끄러움에 눈동자가 크게 흔들리며 말했다.

"으악, 요가 지도자세요? 죄송해요. 제가 무슨 결례를…."

"괜찮아요. 아무래도 나이가 있다 보니. 예전에 크게 넘어지고 나서 심리적으로 두려움이 있나 봐요."

"실례가 안 된다면 나이가 어떻게 되세요?"

나는 잔뜩 쫄아서 한껏 공손해진 채로 물었다.

"육십이에요."

…두 번째 맙소사.

많이 봐도 40대 중반으로 보였던 그가 60대일 거라고는
상상도 못 했다. 내가 지금까지 생각했던 60대의 체력에
대한 편견이 와르르 무너지는 순간이었다. 당연히 나이가
들면 유연성이 떨어지고 체력도 저하된다고 생각했는데,
움직임만으로 그 많은 것을 여전히 유지할 수 있다는 사실을
두 눈으로 확인하는 순간이었다. 내가 오지랖 버튼이었다면
그는 벤자민 버튼이었다.

그로부터 몇 달 뒤, 데미무어님은 아쉬탕가 수련에서
드디어 머리서기를 성공했다. 허벅지를 붙이고 발끝을 천장을
향해 꼿꼿하게 세운 완벽한 시르사아사나였다. 핸즈온을 하러
다가오던 선생님은 데미 무어님의 성공에 놀라 "좋아요! 지금
너무 좋아요!"를 외쳤고, 머리서기를 끝낸 나도 "오! 드디어!"

작게 외치며 두 손을 모아 잡고 거꾸로 서 있는 그를 바라봤다.
매트 위로 내려온 그는 후련한 듯 안도의 한숨을 내쉬었다.
우리는 눈을 마주치고 밝게 웃어 보였다. 그의 극적인
성공에는 나처럼 유튜브를 보고 성공한 경우와 조금 달랐다.
트라우마를 극복하고 신체적 한계를 깨고 오랜 시간 동안
끊임없이 도전한 끝에 맞이한 진정한 '요가'였다.

　　신체수련이 가져다주는 건 단지 유연하고 건강한
몸뿐만이 아니었다. 스스로 만들어낸 벽을 하나씩 허물어가는
과정이자 사회가 정해놓은 한계를 천천히, 꾸준히 극복하는
방법을 알려준다. 그것은 더 나은 사람이 되고자 하는 근성,
이제까지 도달해 본 적 없는 지점에 도달해 보는 끈기였다.
며칠째 꽉 막혀있던 무언가가 있다고 생각해보자. 몸의
경직일 수도, 관계의 매듭일 수도, 일의 난관일 수도 있다.
그런 날 매트 위에 서면 예상치 못한 돌파구가 열릴 때가 있다.

문어발 인생, 괴로와

절대 불가능하다 믿었던 것이 어느 순간 '아, 이렇게!' 하며
풀려나가는 순간을 경험하게 된다. 흩어진 마음과 몸, 호흡을
하나로 모아 불가능을 가능으로 바꾸는 연습, 어쩌면 그게
진짜 '요가'인지도 모른다.

그런 의미에서 나는 아주 오랫동안 요가를 해야 할 것
같다. 육십이 넘어서도 칠십이 넘어서도 머리서기만큼은
누구보다 잘할 수 있는, 안 되는 일에 좌절하지 않고 의연하게
받아들이는 멋진 요가 할머니가 되고 싶다. 누군가의 오지랖을
웃으며 받아줄 수 있는 너그러움까지 갖춘다면 더할 나위 없이
좋고!

초보 가드너의
짝사랑

약도 답도 없다는 사랑에 빠져버렸다. 자꾸만 보고 싶고, 생각할수록 애틋하기만 한 그 존재가 요즘 내 마음을 쥐고 흔드는데… 그 녀석은 바로 식물이다. 사람에 대한 마음보다 좀 더 순수한 감정에 가까울까. 조용하고 자그마한 초록 생명체에게 이렇게까지 앓게 될 줄은 이전엔 상상도 못 했다.

식물을 기르는 게 처음이 아닌데도 이번엔 뭔가 달랐다. 초록별로 떠나보낸 몇 번의 실패 경험이 있었음에도 다시 길러보고 싶어진 건 환경의 변화가 컸다. 새로 이사 온 집이 볕이 제법 잘 들고 작은 옥상까지 딸려 있다 보니 식물을 제대로 키워보고 싶은 마음이 불쑥 솟아올랐다. 오랜 로망이었던 초록초록한 플랜테리어를 드디어 실현할 수 있을 것만 같았다.

짐 정리가 어느 정도 끝나자마자, 곧장 양재 꽃시장으로 달려갔다. 플랜테리어 목적으로 키우기 쉬우면서도 보기에 예쁜 소품용 식물이 필요했다. 생전 처음 보는 풀들의

문어발 인생, 괴로와

화려한 향연 앞에서 고르는 것조차 벅찬 초보 가드녀는 가게 사장님들의 다소 영혼 없는 "키우기 쉬워요"라는 말에 홀라당 넘어가 어쩌다 보니 세 개의 식물을 품에 안게 됐다. 삼색 달개비, 몬스테라 아단소니, 멜라노크리섬까지.

고심 끝에 고른 식물들을 미리 생각해 둔 자리에 두었더니… 미쳤다. 뭔가 아쉬웠던 공간에 조명이 하나 딱 켜진 느낌이랄까. 고작 풀 주제에 엄청난 존재감을 뿜어내고 있었다. 들여놓고 나니 건조했던 방에 변화가 생기기 시작했다. 단순히 인테리어 소품 목적으로 데려왔는데, 막상 집에 턱 하니 자리를 잡고 나니 그들 하나하나에 마음이 가기 시작했다. 궁금했다. 매일 아침 눈을 뜨자마자 밤사이 얼마나 자랐는지 확인하고, 5분씩 식물 멍을 때리며 남은 아침 잠을 깨웠다.

그때부터 내 신경은 온통 식물로 향했다. 초록초록한 친구들을 관찰하는 재미에 아침에 일어나는 게 전혀 피곤하지 않았다. 오히려 그 반대였다. 빨리 일어나고 싶었고 더 일찍

퇴근하고 싶었다. 식물을 둘 자리가 더 있는지 집안을 다시
한번 쭉 둘러봤다. 요렇게 저렇게 옮기면 충분히 공간이 좀
나오겠는걸? 아싸리 빈 곳을 식물로 다 채워봐도 괜찮겠다는
생각이 머릿속을 강하게 스쳤다. 분명 이사 올 때만 해도
미니멀 라이프를 꿈꿨는데… 아무래도 이번 생엔 물 건너갔다.
동시에 꽃시장에서 미처 사지 못한 친구들이 다시금 머릿속에
아른거렸다.

　　그래, 맞아. 애인도 없는데 집안 분위기를 좀 생동감
있게 활기차게 바꿔보는 것도 나쁘지 않잖아? 온갖 뼈아픈
사실들을 끄집어내면서까지 기어코 식물을 작정하고 집에
들여오겠다고 억지로 합리화했다. 이제 막 걸음마를 뗀
아기처럼 두 발로 서서 바라본 시선 끝에 새로운 세계가 열린
기분이었다. 모든 곳이 미지의 영역이었고, 미답의 길이었고,
직접 걸어봐야만 직성이 풀릴 것 같았다.

틈날 때마다 온라인으로 식물들을 검색했다. 취향을
저격한 식물을 발견하는 날엔 "오, 귀여워!" 주체할 수 없는
설렘에 이건 당장 길러봐야 해, 이 아름다운 자태를 화면
너머로만 둘 순 없어! 답이 정해져 있는 지갑과의 밀당 끝에
식물들을 데려오기를 반복했다. 주말엔 가까운 식물 가게를
둘러보고는 못 이기는 척하면서도 어김없이 한 손에는 새로
구매한 식물이 들려 있곤 했다.

하지만 초보 가드너의 넘치는 열정과는 달리, 본격적으로
식물 육아에 돌입하자 금세 온갖 난관에 부딪혔다. 당장 물
주는 타이밍부터가 만만치 않았다. "겉흙이 마르면 물을
주세요"라는 말부터가 나에겐 그야말로 숙제였다. 이게 마른
건지 마르지 않은 건지 정확히 가늠하기 어려워서 일주일에
한 번 주말에 몰아서 물을 줬다. 나름 꼬박꼬박 규칙적으로
물을 줬는데도 이상하게 식물이 비실비실했다. 빛이 부족한
건지, 물이 부족한 건지 알 수 없는 이유로 잎끝이 타기도 했고

노랗게 변색되거나 까만 점도 생겼다. 그야말로 멘붕이었다. 이사 오기 전에 키우다 죽였던 선인장과 다육식물들이 떠올랐다. 결국 이 손이 문제인 건가? 역시 난 똥손이었나.

식물마다 물을 요구하는 시기가 각각 다르고, 일주일마다 물을 주면 대체로 과습이 될 가능성이 높다는 사실을 그땐 몰랐다. 손가락을 살짝 넣었을 때 흙이 묻어나오지 않을 정도로 말라야 한다는 것도, 물뿐만 아니라 습도나 통풍 등 여러 요소를 종합적으로 고려해야 한다는 것도 몰랐다.

지금은 어느 정도 알게됐지만, 그때만 해도 뭔가 잘못되면 발을 동동 구르며 마음만 급했다. 하루에도 몇 번씩 들여다보니 식물이 조금씩 자라고 있다는 걸 체감하지도 못했다. 왜 이렇게 안 자라는 거지(그야 네가 매일 뚫어져라 쳐다보니까…)? 걱정하기 일쑤였고, 오래된 잎이 자연스럽게 하엽지는 일도 지레 겁을 먹고는 내가 뭘 놓치고 있는 건 아닌지 노심초사했다. 분갈이가 필요한가 싶어서 멀쩡한

화분을 엎기도 했고, 위치도 이리저리 옮겼다. 지금 생각하면
이 모든 게 식물에게는 스트레스였을 텐데 참 어리석었다. 아마
그들끼리는 "저 미친 집사가 무슨 짓을 하는 건가" 싶었을
테다. 가만히 좀 내버려둬, 집사야.

넘치는 육아 열정 때문에 결국 참사가 벌어졌다. 화창했던
어느 봄날, 출근 준비를 하는 한두 시간 동안만이라도
양질의 햇볕을 쐬어주려고 평소보다 일찍 일어나 볕 좋은
옥상으로 식물들을 모두 옮겼다. 평소에는 이렇게 옮겨뒀다가
문밖을 나서기 전에 다시 실내로 들여놓곤 하는데, 그날은
날씨가 끝내주게 좋았고 옥상에 옮긴 식물들을 다시 실내로
들여보내기가 못내 아쉬웠나 보다. 당시 우리 집 미모 1등을
자랑하던 필로덴드론 스퀘미페럼과 멜라노크리섬을 계속
옥상에 두고 그대로 출근해 버렸다. 실내에서는 부족할 수 있는
광합성도 마음껏 하고 맛 좋은 바람도 맞으라고 나름 특별히

신경을 썼다.

일을 마치고 집에 돌아와 옥상에 있던 식물들을
가져왔다. 그런데 아침에 봤던 모습과는 사뭇 달라져 있었다.
스퀘미페럼은 잎이 여기저기 찢어져 있었고, 줄기와 잎사귀
여기저기에 상처가 나 있었다. 멜라노크리섬 사정도 별반
다르지 않았다. 겨우 달려 있던 잎 다섯 장 중에 두 개가 뚝
하고 뜯겨 있었다. 둘 다 잎사귀 미모로 먹고사는 애들인데!

빨간 털이 보송보송하게 난 줄기에 연둣빛 잎의 조화가
예뻤던 스퀘미페럼과 다크한 그린에 벨벳 질감의 잎이
고급졌던 멜라노크리섬이 한순간에 상처투성이 못난이가 되어
있었다. 세상에, 이게 무슨 일이야⋯ 이건 완전히 내 실수였다.
오후에 내리 불었던 거친 돌풍에 상처를 입은 거였다. 요즘
들어 심심찮게 부는 돌풍을 고려하지 못했던 탓이었다.

그 뒤로 스퀘미페럼은 그날의 충격 때문인지 새잎을 내지
못하고 더 이상 자라지도 않은 채 그대로 두 달 동안 멈춰

문어발 인생, 괴로와

있었다. 비료라도 줘볼까, 분갈이를 해볼까, 마디를 잘라 새로
뿌리를 받아 길러볼까? 뭐라도 해보고 싶었지만, 모든 게 내
섣부른 판단이라는 생각에 꾹 참았다. 최소한의 물만 챙겨주며
다친 식물에 충분한 시간을 주고 싶었다.

　다행히 최근 들어 조금은 회복됐는지 새잎을 겨우 하나
내주긴 했는데, 뭔가 그간 쌓아온 불만을 토해낸 건지 평소
크기의 거의 1/4 정도 되는 작은 잎을 냈다. 그마저도 다
퍼지지 못하고 어디 자르다 만 종기처럼 붙어 있긴 하지만.
멜라노크리섬도 상태가 좋지 않은 마디를 자르고 뿌리를 받아
다시 키우고 있다. 바람에도 흔들리지 말라고 지지대도 곁에
세워줬다. 아무래도 완전히 회복하려면 오랜 시간이 걸릴 것
같다. 충분히 기다려줄 테니까 다시 건강하고 싱그러운 잎을
내어줬으면 좋겠다.

　이런 아픈 경험을 통해 깨달은 게 있다면 식물에게
물은 만병통치약이 아니라는 것, 그리고 적당한 무관심과

인내심이 필요하다는 것이다. 식물도 우리 집에 충분히 적응할
시간이 필요하고, 나 또한 식물이 원래 살던 자생지를 제대로
알아보고 그에 맞춰 최대한 환경을 조성해 주려는 노력이
필요했다. 과도한 관심이 때로는 식물에 큰 상처를 주기도 했다.
내 실수로 인해 초록별로 보낼 뻔했지만, 그래도 죽지 않고
살아내려는 의지를 보인 식물들에게 정말 고마울 따름이다.

그럼에도 내가 식물을 좋아하는 이유는 못난 나에게도
한 번의 기회를 다시 준다는 거다. 언제나 식물은 내가 아무리
바보 같은 짓을 해도 조용히 눈 딱 감고 한번은 포용해 준다.
모든 게 빠르고 바로바로 결과가 나오는 세상에서 식물은
정반대의 리듬을 가르쳐준다. 새순 하나 나오는 데도 몇 주가
걸리기도 하지만, 그 기다림 자체가 주는 특별함이 있다. 말을
하지 않아도 식물들은 온몸을 다해서 알려주고 있었다. 나의
속도에 맞추지 않고 풀 친구들의 속도에 맞춰 천천히 함께
지내고 싶다. 과도한 관심보다는 한 발짝 떨어져서 볼 줄 아는

세심한 배려를 갖춘 식집사로 한 단계 성장하기를.

　나만 잘하면 되는 애틋한 짝사랑… 정말이지 건강하게 '잘' 좋아하는 건 쉽지 않다.

스투키에게
물 한 컵의 기적이

　요가원 대기실에서 수업 시작을 10분 앞두고 정수기
앞에서 평소대로 물을 한 컵 마시려던 참이었다. 별생각 없이
종이컵을 입에 대는 순간 시선이 어딘가로 멈췄다. 잠깐, 이게…
언제부터 여기 있었지? 내가 마신 게 물인지 당혹감인지 순간
얼어붙게 만든 건 다름 아닌 정수기 위, 하얀 도자기 화분에
식재된 스투키였다. 요가원을 다닌 지 2년이 되어가는데
이제서야 인지한 것이다.

　여길 다니는 동안 정수기 앞에서 물도 마시고, 간단하게
스트레칭도 했고, 샤워용품 보관함도 바로 옆에 위치해
있는데… 이걸 이제야 발견했단 말이지? 혹시 들어온 지
얼마 안 된 식물일까 의심도 했지만, 그럴 가능성은 낮아
보였다. 언뜻 봐도 오랜 시간 광합성을 못 해 비실비실 웃자란
모습이었고, 개업 선물로 추정되는 화분에는 간단한 축하
메모도 적혀있었는데 그 글씨마저 세월이 흘러 바래버린
상태였다.

　　　　　　　　　　　　　문어발 인생, 괴로와

자, 여기서 퀴즈. 누가 더 지독한지 고르시오. 1번: 얼마나 오래 있었는지 모르겠지만 최소 2년 동안 이 악물고 살아 버티고 있는 스투키. 2번: 일주일에 세 번씩 요가 수업을 들으면서 물만 마실 줄 알지, 정수기 위에 뭐가 있었는지 전혀 눈치채지 못한 인간(평소에도 주변 인지력이 떨어지는 편이라 생각했지만, 이 정도 일줄은 몰랐다). 여러 의미로 놀란 나머지 입에 머금은 물을 주르륵 흘릴 뻔했다. 이건 좀 심하지 않나. 내 광수용체는 대체 왜 존재하는 걸까.

내가 지독한 건지 스투키가 고독한 건지 어쨌거나 둘 다 참 독하다는 것이고 저쨌거나 오늘이 나와 그의 공식적인 첫 만남이자 첫인사였다. 수십 명의 사람들이 들락날락하는 공간 한가운데 정수기를 아래에 두고도 물 한 모금 마시지 못하고 있는 눈앞의 상황이 퍽 역설적으로 느껴졌다. 그는 빛도 희망도 포기한 듯 겨우 입을 삐쭉 내밀고 뭐라도 내놓으라는 심보로 버티고 있었다.

그 녀석은 내가 알던 스투키와 사뭇 다른 모습이었다. 꽃집에서 종종 봤던 스투키는 통통한 오이들의 다발 같기도 하고, 초록 색연필이 옹기종기 모여 있는 듯한 귀여운 형태였는데 눈앞의 이 친구는 살이 쏙 빠져 삐쭉하게 말라 비틀어져 있었다. 이 정도면 쪽파를 심어놨다고 해도 과언이 아니었다. 자연광 하나 없이 길게 웃자란 줄기들은 화분 밖으로 탈출하듯 삐져나와 있었고, 지탱할 힘도 없는지 고개를 축 늘어뜨리고 쓰러질 듯 간신히 버티고 있었다. 컵을 입으로 살짝 물고는 손으로 줄기를 만졌다. 예상했던 대로 수분기 하나 없이 메마른 무말랭이 같았다.

여기서 한 가지 의문이 들었다. 내가 여기 다니는 2년 동안 지점장님도 요가 선생님도 몇 번씩 바뀌었고, 알바생분들도 종종 새로 들어오곤 했는데 도대체 누가 저 스투키를 돌보는 걸까. 돌보기는 했을까. 근데 또 완전히 방치했다고 하기엔 어쨌든 길게 웃자라 있긴 했고…. 누구 한 명 이 식물에 관심

주는 사람을 단 한 명도 본 적이 없었다. 명쾌한 답을 내리지 못한 채 마침 다음 수업이 시작됐고 나는 급하게 물을 한 컵 더 떠서 화분에 살짝 부어줬다. 찝찝한 마음을 안고 수련실에 들어갔다.

다음날, 격렬한 수련이 남긴 근육통에 스투키와의 만남은 언제 있었냐는 듯 금세 잊어버리고 한국인 노동자의 신분으로 돌아가 직장 사무실에 출근했다. 사무실에 오자마자 분주하게 움직이는 대표님이 보였다. 식물들을 돌보는 중이셨다(현재 사무실에는 대략 30개의 식물이 있다). 커피포트에 물을 가득 채워 물이 필요한 식물들에 차례차례 부어주고, 가위를 들고 와 하엽 진 잎을 잘라주고 불필요한 가지를 자르며 수형을 다듬고 계셨다. 그러고 보니 대표님은 내가 입사할 때부터 늘 변함없는 루틴을 지키고 계셨다. 아침저녁으로 그 많은 식물을 꼼꼼히 살폈다. 작은 다육식물부터 거대한 극락조까지 그의 돌봄에는 크기와 값어치는 전혀 상관없었다.

문득 어제 본 스투키가 번뜩 생각이 났다. 빛이라곤 실내 형광등밖에 없는 요가원 대기실에서 방치되듯 비실비실 웃자란 스투키가 각종 영양제에 물 샤워까지 창가 앞에서 햇빛 듬뿍 받으며 누군가의 돌봄 속에서 정성껏 자라고 있는 사무실 식물들이 겹쳐 보였다. 스투키도 누군가에겐 귀한 자식일 텐데… 개업 축하용 식물의 어쩔 수 없는 숙명인 걸까.

그러고 보니 여태 식당이나 카페에서 봤던 방치되듯 자라던 식물들이 하나둘씩 떠오르기 시작했다. 그래! 김가네에서 김밥 먹으면서 봤던 이상한 가시식물 걔도 스투키였어. 그 옆에 세트로 딸려 있던 금전수까지. 그뿐만 아니라 어디를 가도 몬스테라, 금전수, 스투키, 행운목 등 번영을 상징하는 식물들이 하나쯤 꼭 있었다. 요가원의 스투키도 아마 그런 목적으로 자리 잡은 친구였을 테다. 기르고자 하는 마음보다 그저 보기 좋은 소품으로서 역할 그 이상도 그 이하도 아닌….

며칠 뒤, 요가원에 가서 조심스럽게 알바생에게 물었다.

"혹시, 저기 정수기 위에 식물 말인데요."

알바생은 이건 또 무슨 진상고객인가 싶은 상당히 이상한
눈초리로 경계하며 대답했다.

"…네? 그런데요?"

"누가 물 줘요?"

요가원에서 이런 질문은 처음인지 적잖이 당황한
알바생은 역시나 잘 모른다는 듯 모두 고개를 갸우뚱했다.
정말로 주인없이 내버려진 식물인건가. 설마 했지만
정말이었다.

그러고 보니 개업 축하용 식물들의 운명은 참
아이러니하다. 금전수는 돈을 불러오고, 행운목은 행운을
가져다주고, 스투키는 강인한 생명력의 상징이라는데 모두
가게의 번창과 성공을 기원하는 마음에서 선물 되는 것들이다.
하지만 정작 그 염원을 담고 온 식물들은 다 그렇지는

않겠지만 대부분 구석에서 서서히 시들어간다. 마치 자신의
모든 기운을 가게에 주는 게 존재 이유인 것처럼.

그렇다고 식물들이 못 자란다고 해서 가게가 다 잘되는
것도 아니었고, 식물들이 잘 큰다고 해서 가게가 잘되는 것
또한 아니었다. 실은 모두가 어렵지 않은가. 만에 하나 개업
축하용 식물들이 실제로 마법 같은 효과가 있어서 두는 것
만으로도 모든 일에 성공을 가져다준다면 얼마나 좋겠냐마는.
현실 사정은 그렇지 않다. 그들은 그저 무관심 속에 조용히
자신의 자리를 지키며 버틸 뿐이다. 먹고 살기 힘든 탓에
식물에서라도 희망을 의탁할 수밖에 없는 현실 그 이상
그 이하도 아니었다. 하루가 멀다 하고 문을 닫는 상점들,
임대료를 감당하지 못해 점포를 정리하는 자영업자들 그리고
그 과정에서 버려지듯 처분되는 식물들. 한때는 번영의 염원을
담고 자리했던 그들이 결국 폐업과 함께 처분되는 쓸쓸한
엔딩을 우리는 너무 자주 목격한다.

　　　　　　　　　　　　　　　文어발 인생, 괴로와

요가원의 스투키도 사실 별다를 바 없다(폐업한다는 얘기가 절대 아니라!). 식물을 돌볼 여유가 없는 건 누구의 탓도 아니다. 나 역시 스투키^九를 살려보겠다고 나서기에는 현실적으로 무리가 있다. 아무래도 오지랖이고…. 아마 이대로라면 결국 스투키는 서서히 천천히 죽어갈 것이다.

그래도 그날 십여 분간 있었던 스투키와의 첫인사 덕분에 지금은 물을 마실 때만이라도 그에게 한 컵씩 나눠주고 있다. 극적인 변화를 만들어낼 순 없겠지만, 그의 죽음을 조금이라도 유예할 수 있다면 그것만으로도 충분하지 않을까. 그리고 어딘가에서 홀로 버티고 있는 다른 개업 축하용 식물에도 누군가의 시선이 한 번쯤은 머무르길. 물 한 컵의 기적이 식물뿐만 아니라 그 공간에 있는 모든 것들에게 조금씩 일어나길.

<hr />

九　시간이 지나서 점장님께 다시 물어보니 오전 시간대 선생님 한 분이 가끔 스투키에게 물을 주는 것 같다고 하셨다. 다행이다.

二

하지만

그래,
난 가짜고, 문어야

한때 '가짜'라는 단어만 보면 파블로프의 개처럼 발작
버튼이 눌려 으르렁거리던 때가 있었다. '가짜' 친구 '진짜'도
질색했다. '가짜'라는 글자를 보면 "뭔데, 그럼 다른 건 다
진짜라는 거야?"라고 신경질을 부렸고, '진짜'를 보면 "뭔데,
그럼 다른 건 다 가짜라는 거야?"라고 발끈했다. 그야말로
깡패나 다름없었다. 내가 이렇게 특정 단어에 과민반응을
보이게 된 건 바로 그날 있었던 일 때문이다. 친구가 모임장으로
있던 SF영화 모임에서 벌어진 사건. 그때로 잠시 돌아가 보자.

친구 M과 나는 거의 20년 지기였고, 둘만 통하는
마이너한 취향까지 척척 맞아떨어졌다. 특히 영화 취향이
절묘하게 겹쳤는데, 우리는 유독 SF에 빠져 있었다. 서로의
집을 오가며 『에일리언』시리즈를 정주행하고, 『웨스트월드』나
『레이즈드 바이 울브스』같은 꽤 하드코어한 SF 드라마도 함께
섭렵했다. 관련 책도 돌려 읽으며 밤새 수다를 떨곤 했다.

그런데도 갈증이 해소되지 않았는지, M은 본격적인

SF영화 모임을 기획하기 시작했다. 나와 M이 고정 멤버였고, 주변 지인이나 SNS를 통해 참여자를 그때그때 모집했다. 영화 한 편을 선정하면 각자 미리 시청한 후, 한 달에 한 번 모여 돌아가며 감상을 나누는 방식이었다. 『블레이드 러너』, 『공각기동대』, 『스타트렉』, 『Her』 등 SF 안에서도 다양한 하위 장르(스페이스 오페라, 하드 SF, 소프트 SF, 사이버펑크 등)를 오가며 진행했고, 매번 4~5명이 모였다. 소소하지만 꽤 알차게 이어가던 모임이었다.

다음 영화로 『매트릭스』가 정해졌을 때였다. 때마침 함께 이야기하고 싶은 사람이 떠올라 오랜만에 친구 A에게 연락했다. 그와 친한 편은 아니었지만, 가끔 만나 나누는 대화에는 묘한 케미가 있었다(라고 나는 생각해). 토크의 결이 은근히 잘 맞는다고 해야 할까. 그와의 대화엔 늘 흥미로운 구석이 많았다. 탐미주의와 심미주의에 심취해 있고, 패션에 해박하며, 음악과 문학에도 조예가 깊었다. 독특한 헤어

스타일까지 여러모로 눈에 띄는 친구였다. 자주 연락하는
사이는 아니었지만, 그는 나의 뜬금없는 초대에 흔쾌히 응했다.
『매트릭스』는 핑계고, 사실 오랜만에 만날 A가 어떤 생각을
품고 있는지 궁금했다.

　　모임 당일, M과 나, A, 그리고 새로 오신 분까지 네 명이
모였다. 처음엔 약간 어색했지만 금세 분위기가 풀렸고, 영화에
대한 각자의 해석을 차분히 주고받았다. 우려와 달리 평온하게
진행됐다. 모임이 마무리되고, 뒤풀이를 위해 새로 오신
분을 제외한 셋이서 합정역 골목의 전집으로 자리를 옮겼다.
긴장이 풀렸는지 우리는 연신 잔을 부딪쳤고, 기분 좋게
떠들다 보니 자연스럽게 대화 주제가 각자의 일과 디자인으로
흘러갔다. 서로의 작업에 대해 편하게 한마디씩 주고받은 게
화근이었을까. 어디서부터 틀어진 건지, 갑자기 그의 말에
가시가 돋기 시작했다(아직도 그 급변한 분위기가 이해되지 않는다).

　　"그래서, 너는 디자인을 뭐라고 생각해?"

A가 물었다. 뭐지, 이 날카로운 톤은? 디자이너라면 한
번쯤 고민해 볼 질문이긴 하지만, 막걸릿집에서 해물파전
먹으며 나눌만한 주제는 아니지 않니. 마치 본인만의 정답을
가슴에 하나쯤은 품고 살아야 할 것 같은 무게감이었다.
그의 질문은 다분히 노골적이었다. 괄호 열고 (정소현 씨, 어디
한번 대답해 보시죠) 라고 덧붙인 것 같았다. 과장을 좀 보태면,
기막힌 답을 못 찾으면 디자이너 자격이 박탈될 것만 같은
압박감이었다. 그는 나를 시험대에 올려놓았다. 잠깐의 정적이
흘렀고, 나는 약간 취해 있었고, 얼얼한 머리를 간신히 굴려
가며 답을 짜내려 애썼다.

"디자인? 음… 그러니까 디자인은… 어… 수신자와
발신자를 이어주는 전화선? 음… 생산자와 사용자 사이를
매개하는 역할이 디자인이지 않을까."

좋았다. 취한 와중에도 그럴듯한 대답을 구사해냈다.
하지만 내 말이 끝나기 무섭게 그는 한쪽 눈썹을 치켜올리며

문어발 인생, 괴로와

반격했다.

"흠. 네 말대로 전화선이 디자인이라면 꼭 수신자가
있어야 하는 거야? 꼭 상호작용이 있어야 해?"

내 대답이 시원찮았는지, 본인 생각과 달랐는지, 아니면
애초에 딴지를 걸 작정이었는지, 숨 돌릴 틈도 없이 따져
물었다.

"아, 아니! 무, 물론 디자이너는 연결과 해결만
한다기보다는 그 어… 설득과 커, 커뮤니케이스…"

"그러면 디자인은 설득과 커뮤니케이션이 없으면
디자인이 아니라는 거네?"

"아니! 그게 아니라…"

"디자인에 진심이긴 해?"

"어?"

미치고 팔짝 뛸 노릇이었다. 안 그래도 뇌는 점점 마비되어
가는데, 힘겹게 짜낸 답변에 즉각 반박하는 상황에 머리가

하얘졌다. 놀랍게도 나는 이 상황이 얼마나 비상식적인지 인지하지 못했다. A의 시험을 제대로 통과해야 한다는 강박에 사로잡혀 있었다. 오케이, 이번엔 절대 흔들리지 말고 똑바로 말해야지. 그가 납득할 만한 멋진 대답을 못 했다는 사실에 오히려 위축됐다. 디자이너 주제에 평소 이런 생각도 안 하고 살았단 말이야? 시간을 벌기 위해 천천히 막걸리를 크게 들이켰다. 잔 너머 슬쩍 A를 쳐다보니 눈이 번득이는 게 먹잇감을 포착한 하이에나가 따로 없었다. 보통이 아니야. 완전히 전투 모드네…. 혀는 꼬이고 사고회로는 굳어가는데, 입은 뻑뻑해져 대화를 이어가기가 점점 버거워졌다. 취기가 빠르게 이마 끝까지 차올랐다. 그는 기다렸다는 듯 또 한 번 공포스러운 질문을 던졌다.

"빠르게 다가오는 4차 혁명 시대(정말 이렇게 말했다)에 디자이너로서 넌 뭘 준비하고 있는데?"

뭐? 4차 혁명이 뭐 어쩌구? 잠깐, 여기 면접장인가?

문어발 인생, 괴로와

팀장님, 아니, 이모! 소주 한 병 추가요. 질문으로 사람을 구석에 몰아넣기 있어? 질문을 제대로 소화하기도 전에 관자놀이에서 극심한 두통이 시작됐다. 대체 뭐라는 거야. 술을 깨려고 간에 쏟아붓던 에너지가 전부 뇌로 역류한 건지 정말 지끈거렸다. 하, 4차 산업혁명이라… 뭘 해야 하지? 그런 건 과학자들이 알아서 해주시는 거 아닌가? 아니면 3D나 영상 작업 같은 걸 말하는 건가? (당시는 AI도 본격 출현하기 전이었다) 그렇게 치면 난 딱히 준비하는 게 없었다. 영상을 제작하지도 않고… 첨단기술은 SF영화로만 접했는데. 관자놀이를 꾹꾹 누르며 고개 들 힘도 없이 눈앞에 갈기갈기 찢어진 파전을 애처롭게 바라보며 겨우 대답했다.

"나도 뭐, 이것저것 준비하고 있어… 회사에는 하는 브랜드 디자인이야 그거대로 열심히 하고 있고, 그림도 꾸준히 그리고 있고, 꾸, 꾸준함 그거 얼마나 어려운지 알지? 그리고 음… 타이포그래피도 공부하기 시작했어. 나중에 글꼴 출시도 할 거거든? 지금은 씨앗을 뿌리는 중이야. 상추, 루꼴라, 옥수수를 심고 있다고! 천천히 키우다 보면 언젠가 이 텃밭들이 어떻게든 나한테 도움이 되겠지!!"

한껏 풀죽은 파의 알싸한 분노였다. 말하다 보니 그러데이션으로 화가 (드디어) 밀려 올라왔다. 하지만 A는 내 말에 눈 하나 깜짝하지 않고 되받아쳤다.

"아니?

넌, 가짜야. 가짜라고!"

그는 기어코 벼르고 있던 (아마도) 그 말을 뱉어버렸다. 우씨. 말할거면 처음부터 말하던가! 이제와서 가짜라니, 차라리 욕이 나왔다. 욕을 주고받아도 이상하지 않을 대화에서 그는 비속어 하나 없이 잽을 날리다가 '가짜'라는 한 방으로 링을 평정했다. 뭐랄까, A가 내게 던진 그 단어는 내 2n년 묵은 자의식을 통째로 뒤흔드는 일이었다. 게다가 내가 아는 A는 좀 돌아이 같은 구석이 있긴 해도 예리하고 섬세한 사고를 하는 사람이었다. 그런데 그의 눈에 내가 그저 '척'하는 사람, 그 이상도 이하도 아니었다고 판단했을 걸 생각하니 뼈를 맞은 듯 아팠다. 술기운에 더 서러워져 코끝이 살짝 시큰했다. 그때였다.

쾅!

"야!"

"말조심해. 소현이 그런 말 들을 애 아니야."

조용히 듣고 있던 M이 술잔을 내리쳤다. M은 우리가 동태 눈알이 되어 언성을 높이며 싸우는 꼴을 지켜보다 더는 안 되겠다 싶었는지 끝내 폭발했다. 네가 뭔데 소현이를 어쩌구, 소현이가 얼마나 멋진 앤지 저쩌구, 네가 진짜 친구라면 당장 그 입 다물 절씨구.

M은 한 치의 망설임 없이 또박또박 A에게 쏘아붙였다. 그는 끝난 줄 알았던 경기에 갑자기 등장한 타이슨에게 속수무책으로 당했다. 옆에서 지켜보던 나도 이게 무슨 상황인가 싶어 누르던 관자놀이에서 손을 뗐다. 그러자 A는

뭐가 그리 화가 났는지 콧김을 씩씩거리더니 갑자기… 자리를
박차고 나가버렸다. 순식간의 일이었다. 곧바로 따라나서려
하자 M이 나를 붙잡았다. "가지 마, 냅둬. 쟤랑 친구 하지 마."
하지만 그럼에도 나는 일단 나갔다. 왜냐하면 그가 향하는
방향이 막다른 골목이었기 때문이다. A가 길도 모르면서 아무
데나 걷고 있다는 사실이 그 와중에 웃겼다. 뛰어가서 그의
어깨를 획 낚아채며 외쳤다.

"야, 거기 길 없어!"

그는 획 돌아보더니.

"야!"

"…?"

"…손절하자!"

어깨에 올린 손이 머쓱하게 허공에 떠 있었다. 잠깐의
정적. 내가 제대로 들은 게 맞나? 가짜부터 손절까지,
낯선 단어들의 투 펀치에 머리가 핑 돌았다. 연인이 외치는

문어발 인생, 괴로와

"헤어져!"보다 더 신선한 충격이었다. 원래 손절이라는 말을
상대방 면전에 대고 쓰는 말이었나? A는 그렇게 "손! 절!"을
외치고 막다른 길로 사라졌다.

　그날 이후 맞이한 주말은 심란함에 하루 종일 나사 하나
빠진 것처럼 멍했다. 뭐지? 정말로 A와 싸운 건가? 일방적으로
두들겨 맞은 것 같은데 왜 손절 소리까지 들은 거지? 어안이
벙벙했다. 다 큰 성인 남녀가 이런 일로 손절까지 할 정도인가?
당최 믿기지가 않았다. 사실 무엇보다 속상한 건 따로 있었다.
출제자의 개떡 같은 시험을 제대로 풀지 못한 내 모습이었다.
문제의 질이 어떻든 간에, 자신감 없이 우물쭈물했던 게
뼈아프게 남았다. 치욕스러웠다. 정말로 서울에 와서 뭘 하고
있는가. 디자인 회사에 다니는 것 말고 스스로 디자이너답게
살고 있는지 의문이 들었다. 그런 불확실성 때문에 여전히
그림을 붙잡고, 한글 디자인을 공부하는 건 아닌지. 정말로
디자이너가 되고 싶은 건 맞나? 말이 이것저것이지, 씨앗

파종은 제대로 됐는지, 언제 어떻게 수확할지 사실 미지수였다.

인정하긴 싫지만, A는 나의 그 애매모호함을 정확히
꿰뚫어 봤다. 생각보다 예리한 녀석이었어. 아니, 그렇다고
가짜랑 손절은 좀 웃기지 않냐? 차라리 나도 욕이나 시원하게
내리꽂을걸, 내심 후회됐다. 그 구역 미친년이 돼서 이렇게
외칠걸.

"그래! 나 가짜 맞고,
문어다 어쩔래?"

그렇게 혼란스러운 주말을 보내고 며칠 뒤 카톡 알림이
'띠링' 울렸다. A였다. 뭐야, 나 손절한 거 아니었어? 샐쭉한
마음에 미리보기로 슬쩍 봤더니 장문의 무언가가 와 있었다.
첫 줄에는 '소현아, 미안해…'라고 쓰여 있었다. 삐죽 나온 입이
쏙 들어갔다. 피식 웃음이 터졌다. 그럼 그렇지, 손절은 무슨
손절이야. 카톡을 열어보니 전체 보기를 눌러야 할 정도의 긴

문어발 인생, 괴로와

글이 와있었다. 어쨌든 그의 변명인즉슨, 친구로서 인간적으로
애정하는 마음에 오히려 초등학생처럼 괴롭히고 싶었다나
뭐라나 그릇이 작아서 그렇게밖에 표현이 안 됐다나. 여하튼
그날 내게 했던 말들은 다 취해서 뱉은 '가짜'니까, 진심이
아니었으니까 용서해달라고 적혀 있었다.

나는 그의 진심 어린 사과에 분노와 치욕, 슬픔 등 뒤엉킨
감정의 실타래가 눈 녹듯 풀렸다. 그리고 몇 년이 흘렀다. A는
친구들과의 모임에 아주 가끔 나타났다. 다시 예전처럼 소주도
한잔했다. 우리는 언제 그랬냐는 듯 다시 편하게 인사했다.
손절은 없던 일이 됐지만… 여전히 '가짜'는 조금 그렇다?

사건의 지평선을 통과한 사람

　　상상력도 지나치면 독이 된다는 걸 몸소 체험한 적이 있다. 때는 대한민국 중학생이라면 누구나 겪는 그 병, 중2병이 창궐하던 시기였다. 보통의 경우에는 '나는 특별한 존재야', '세상은 나를 이해하지 못해' 같은 자의식 과잉 정도로 끝나는데, 내 경우는 좀 달랐다. 상상력이 말 그대로 내 몸을 지배해버린 경험이 있었다. 말이 웃기긴 하지만 진짜다. 정확히 언제부터였는지 모르겠지만 아마 초등학교 6학년 첫 생리를 시작했을 무렵이었다. 나는 격동하는 호르몬 변화와 함께 취향이라던가 가치관이 조금씩 형성되고 있었다. 다행히 나쁜 길로 빠지거나 부모님께 반항하는 부류의 증상이 나타나진 않았다. 대신 내 사춘기는 다소 엉뚱하다고 해야 할지 엉뚱하니까 사춘기라고 해야 할지 모르겠지만, 그 사이 어딘가에서 나는 어떤 세계관에 강하게 사로잡히기 시작했다.

　　초등학교 때 우연히 TV에서 본 영화 『맨 인 블랙』은

백지와도 같았던 취향에 첫 물감을 칠하는 영화였다.
지구에 숨어 사는 외계인들을 관리하는 비밀조직을 다룬
SF 코미디였는데, 평범해 보이던 할아버지 '로젠버그'의
머리를 열어보니 조그만 외계인이 조정하고 있었다는 설정과
'오리온'이라는 이름을 가진 고양이의 목걸이에 숨겨진 비밀이
알고 보니 작은 은하계였다는 사실, 그리고 결정적으로 영화
마지막에 카메라가 줌 아웃되면서 우리 우주도 또 다른
외계인이 가지고 노는 구슬 중 하나로 표현되는 장면은 막
사춘기에 접어든 나에게 핸들이 고장 난 8톤 트럭에 충돌한 것
같은 충격을 안겨줬었다.

　　이렇게 큰 우주도 또 다른 차원에서는 구슬 정도
크기의 작은 우주일 수도 있겠구나! 지금이야 별로 놀랍지
않은 상상력이고 각종 신통방통한 세계관을 가진 사이언스
픽션물이 많이 생겼지만, 『맨 인 블랙』은 1997년에
개봉했다는 사실이 믿기지 않을 만큼 정장 입은 요원들의

쿨한 바이브에 쇠 맛 나는 분위기를 잘 구현했고, 간결한 슈트 차림의 요원들과 반대로 영화 속에 등장하는 외계인들은 당시 상상할 수 있는 모든 형태의 모습으로 다양하게 등장했기에 내 상상력을 자극하기 딱 좋았다. 새로운 세계에 대한 호기심이 싹트기 시작했다. 마치 내가 우물 안 개구리가 된 듯했다.

완전히 몰입해 버린 탓에 한동안 온갖 물음표가 머릿속에 가득 찼다. 눈앞에 보이는 세상이 진짜가 아닐 수 있다. 내가 사는 곳이 지구가 아닐 수도 있다. 나는 누구, 여긴 어디? 한번 생겨난 호기심은 앞으로 쭉쭉 뻗어나갔다. 『맨 인 블랙』뿐만 아니라 내 상상력에 지속해서 색을 입힌 건 당시 개봉한 영화 『타임머신』이나 『제5원소』 같은 SF영화들이었고 과학 시간에 본 과학 다큐 같은 것들이었다. 덕분에 눈앞에 보이는 현실을 그대로 받아들이지 않고 의심 한 톨과 상상력 한 줌으로 세상을 바라보기 시작한 것이다.

문어발 인생, 괴로와

한 번은 과학 시간에 선생님께서 우주 천체 다큐멘터리를
틀어주셨다. 태양계 행성들을 소개하고 더 먼 우주에
존재하는 블랙홀까지 다룬 영상이었다. 지구를 바늘구멍보다
작게 만들어버리는 우주는 경이롭고 압도적이었다. 까만
우주는 내가 가진 지식을 총동원해도 도무지 풀리지 않는
미스터리 그 자체였고 쏟아지는 별 무리는 황홀했다.

정말이지… 좋은 교육 영상임에도 어둡고 캄캄한 우주에
나긋나긋한 성우의 더빙이 깔리니 곧이어 모두 하나둘씩
졸기 시작했다. 반 친구들은 또 다른 우주로 유영했지만 나는
도무지 잠이 들 수가 없었는데, 그때 처음으로 블랙홀이 행성을
집어삼키는 가상 시뮬레이션 영상을 봤기 때문이었다. TV 화면
속에서 깜깜한 우주에 더 까만 작은 점을 중심으로 빨갛게
끓어오르는 태양이 빙글빙글 화염을 내뿜으며 소멸해 가고
있었다.

그 파괴적인 영상을 접하고 난 후 집에 돌아와서도 계속

그 장면이 머릿속에서 떠나질 않았다. 밥이 입으로 들어가는지 코로 들어가는지 온종일 멍했고, 내가 발 딛고 있는 이 지구도 한순간에 사라질 수 있다는 두려움, 거스를 수 없는 거대한 힘에 대한 무력함까지 느꼈다.

그날 밤 나는 잠들기 전에 천장을 향해 눈을 감고 비몽사몽인 상태에서 작은 블랙홀을 하나 만들었다. 영상에서 본 기억대로 블랙홀을 중심으로 주변이 뱅글뱅글 도는 상상을 했다.

그때였다. 한 점에 초점을 맞춘 후 정신이 쭈욱 빨려 들어가더니… 세상에! 진짜로 몸이 붕 뜨면서 살짝 움직이는 듯한 기분이 들었다. 곧이어 머리부터 발끝까지 뱅글뱅글 돌기 시작했다. 이게 무슨 미친 소린가 싶겠지만 정말로 어지러움이 느껴졌다. 어, 어어…! 돈다 돌아! 정신이 아득해지더니 순간적으로 몸이 딱 굳으면서 움직이질 않았다. 미쳤다. 진짜로 블랙홀 속으로 들어온 건가? 『인터스텔라』가 이때

문어발 인생, 괴로와

개봉했더라면 얼른 테서렉트를 만들어 과거의 나에게 적당히
몰입하라고 신호를 보냈을 텐데, 아쉽게도 깜깜한 어둠속에서
완전히 겁에 질려 아무것도 할 수 없었다. 눈도 떠지질 않았고
손도 발도 움직이질 않았다.

아마 단순한 수면장애였겠지만, 가위 눌리는 경험을
이렇게 스스로 만들어내는 경우가 있었나? 이건 뭐…
인터넷에서나 볼법한 '블랙홀때문에 블랙아웃된 썰 푼다' 같은
자극성 콘텐츠도 아니고. 어찌저찌 간신히 가위를 풀고 나니
안도의 한숨과 함께 정신이 번쩍 들었다. 순진하게만 있다가는
블랙홀에 잡아먹힐 수 있겠구나. 세상을 예리하게 봐야겠다고
결심하며 주먹 불끈 쥐고 잠이 들었다.

다행히도 온갖 망상과 공상이 만들어낸 과몰입 후유증은
상상력을 필요로하는 입시미술로 거의 해소됐다. 그날 그렇게
사건의 지평선을 통과해본 경험은 한번으로 충분했다. 그
뒤로는 딱 한번 살짝 시도를 해보고 더이상 겪진 않았다(사실은

무서워서). 게다가 블랙홀에 직접 들어가는 일은 정말 고도의
집중력을 요하는 일이었다. 한 점에 온 정신을 완전히 집중해
시선을 고정한 후에 세상 전체가 느리고 크게 도는 상상을
해야한다. 결코 쉽지 않은 일이다. 만에하나 조금이라도
딴생각에 빠지거나 집중이 흐트러진다면…… 그냥 자면된다.
자기전에 뇌운동하고 푹 잘잔 사람이 된다. 눈뜨면 아침이
밝아있을거다. 그것도 나쁘지 않은 경험이다.

　　이따금씩 생각한다. 화성인 바이러스에 나올 만한
인간으로는 크지 않아서 얼마나 다행인지.

문어발 인생, 괴로와

오지랖도
정도가 있다고

어린 시절 상상력의 폭주를 겪고 나서도, 그 망상 세포들이 완전히 사라진 건 아니었다. 오히려 좀 더 교묘한 형태로 진화해서 '멋대로 병'이 되었고, 결국 오지랖으로 발현되기 시작했다. 상대방의 말에 내 상상 한 스푼 더해서 진심을 멋대로 왜곡한다거나, 멋대로 판단해서 단정 지어버리는 일이 가끔 있었다. 쉽게 말하면 꼬아서 듣고 꼬아서 생각했던 거다.

나의 망상+오지랖으로 지금도 절친한 친구 G와 처음으로 싸웠던 사건이 있었다. 십 년도 더 지난 일이고, 사실 별일도 아니었지만 어쩐지 그날을 떠올리면 스스로가 미숙했던 게 기억나 부끄럽고 민망하다.

대학교 2학년이었던 G는 키도 크고 눈도 커서 여러모로 매력이 넘치는 아이였다. G는 2학년이 되자마자 다른 과의 훈훈한 외모를 자랑했던 K와 교제를 시작했다. 둘 다 선남선녀였다 보니 썸을 탈 때부터 주변이 들썩들썩했다. 당시 주변 모두가 응원하는 풋풋한 새내기 커플이었다.

그러나 20대의 연애가 그렇듯 둘은 사귄 지 한 달 만에 헤어졌다. G와 K 둘 모두를 친구로 뒀던 나로서는 꽤히 중간에 껴서 난감할 수밖에 없었다. 짧은 연애와 이별이었지만 그 여파가 나한테도 꽤 진하게 닿았기 때문이었다. K는 G의 일방적인 통보에 크게 상심한 나머지 나에게 매일 같이 하소연하기 시작했다. 그는 헤어진 이후 상실감에 식음을 전폐하는 듯했다. 샤워 물줄기에 숨어, 그렇게 울었다는 둥, 헤어진 이유를 전혀 모르겠다는 둥 지속적으로 우울감을 토로했다.

그 탓인지 어느 순간부터 나는 '왜 G가 그렇게 매정하게 차버렸을까, 꼭 그렇게밖에 할 수 없었을까, 그래도 애는 참 착한데' 등 혼자 골똘히 깊은 생각에 빠지며 그가 힘들어하는 모습을 지켜보다 보니 점점 K가 측은해지기 시작했다. (다시 한번 말하지만, 이 둘의 교제 기간은 한 달이다) 그에 반해 G는 너무나도 아무렇지 않아 보였다. 상반된 상태의 둘을 지켜보니 왠지 G가 얄미워 보였고 야위어가는 K는 가여웠다. 보다 못한 나는 다시 둘을 이어줘야겠다는 '멋대로 병'의 자매품인 '오지랖 병'까지 스멀스멀 올라오기 시작했다. 이미 마음속에는 K를 폐인으로 만들어버린 G가 아주 얄미운 녀석이 됐고, 어떻게 이렇게 매정할 수 있는지, 과연 G가 나의 친구로서 자격도 의심마저 들면서 당장 혼쭐을 내줘야겠다는 결론에 도달했다.

때를 노리며 벼르고 있던 어느 날, 과실에 있던 G를 발견했다. 잘됐다. 바로 혼내줘야겠어. 나는 다소 떨리는 목소리로 말했다.

"야. K한테 그렇게 밖에 할 수 없었나. 그래도 좀 더 만나보고 결정하지, 일방적으로 그렇게 하는 경우가 어딨노? K가 불쌍하지도 않나"

와, 오지랖도 이런 오지랖이 없었다. 나의 개소리에 G는

황당한 얼굴로 나를 빤히 쳐다보더니,

"언니가 뭘 아는데, 나도 충분히 생각하고 결정한 거다. 아무것도 모르면서"

여태 덤덤한 태도로 일관해 온 G가 내 말에 버럭 화를 내며 말을 이어갔다. 왜 헤어질 수밖에 없었는지 개인적인 연애 가치관과 몇 가지 이유를 설명했다. 하지만 그가 화를 내는 것까진 미처 예상하지 못했던 나는 크게 당황한 나머지 등 떠밀리듯 같이 언성을 높였다. 누가 시키지도 않았는데 나는 K의 대변인을 자처하고 있었다.

나는 둘 사이의 사정과 사실 여부와 상관없이 넌 그렇게 하면 안 됐다는 둥, 예의가 없었다는 둥 각종 무례한 말을 쏟아냈다. 급기야 G는 이 상황이 답답했는지(지금 생각해도 미안해) 분노의 눈물을 또르르 흘리고 말았다. 이렇게까지 싸울 일도 아니었는데 감정이 격해진 나머지 목소리까지 커지고 말았고, 둘 사이에 아주 어색한 공기가 흘렀다.

이때, 이 모든 걸 지켜보는 사람이 있었으니, 같은 과 친구 Y였다. 그는 조용히 이 사태를 바라보더니 살며시 다가왔다.

"엿들어서 미안한데, 둘 다 마음은 충분히 이해돼. G도 개인적인 사정이 분명 있었고, 언니도 친구 둘 사이에 껴서 안타까운 마음이 들었을 거야."

"맞아…."

"맞아…"

"이렇게 싸울 일도 아닌데, 둘이 일단 손잡아봐"

"뭐?"

그의 황당한 제안에 우리는 순간 웃음이 터졌다. 알량한 자존심에 금세 표정을 고쳐잡고는 "아니, 뭐 어떻게 하라고…" 샐쭉한 입으론 오물오물, 시선은 살짝 구석을 흘기며 말했다.

"서로 마주 보고 이렇게 이렇게 손을 잡아, 서로 미안한 점 하나씩 말하는 거야"

Y는 쎄쎄쎄 하듯 각자의 손등을 아래위로 향하게끔

겹쳐 손을 잡으라고 했다. G와 나는 쭈뼛쭈뼛 마주 앉아 손을 내밀었다. 사실 나는 화가 이미 풀려있었다. 솔직히 말하면 Y가 말을 걸어올 때부터 이미 나는 부끄러웠다. G의 얘기는 제대로 들어보지도 않았으면서 내 짐작으로 G를 판단하고 오해했다는 사실을 알고 있었다. 미안했는데 쓸데없는 자존심에 괜히 역정만 냈다. 손을 마주 잡고는 내가 먼저 말했다.

"둘의 사정인데… 멋대로 판단해서 미안해…"

"나도, 언니가 K랑도 친구니까 난감했을 거 같아. 아까 화내서 미안해…"

그리고 괜히 머쓱해진 기분에 쎄쎄쎄 하듯 손을 옆으로 획획 흔들었다. Y는 여전히 2%가 부족했는지 우릴 향해 한 번 더 말했다.

"안아줘, 서로"

다 큰 성인 둘이서 쭈뼛쭈뼛 다가가 살포시 안았다. 세게 말고 손만 등짝에 닿을 정도로만….

그렇게 우리는 언제 싸웠냐는 듯 다시 원래대로 잘 지냈다.
그리고 함께 K를 욕했다… 는 농담이고, G를 조금 더 이해하게
됐다.

우린 여전히 잘 지내고 있지만, 나는 아직도 가끔 G의
속을 뒤집어 놓을 때가 있다. 그리고 여전히 그는 짜증을
냈다(그래도 '화'에서 '짜증'으로 너그러워졌다). 그럴 때면 아차 싶은
마음에 곧바로 사과한다. 다행히 나는 사과는 곧장 잘하는
편이다.

아무래도 이 오지랖은 앞으로도 완전히 박멸할 순 없을
것 같다. 앞으로도 손 마주잡고 쎄쎄쎄하는 일이 가끔은
생길지도 모르겠다. 하지만 너무 화내지는 말아줘.

택시 기사님 귀는
당나귀 귀

세상엔 두 가지 부류의 사람이 있다. 술에 취하면 즐거워지는 사람과 그렇지 않은 사람. 첫 문장을 이렇게 쓴 걸 보면 짐작하겠지만, 나는 '만취'하면 즐겁지 않은(그렇다고 단언하기엔 너무 오랜 세월을 주당으로 살았지만) 사람… 이라고 호소하고 싶다. 정확히 말하자면, 술에 만취해 노 브레이크가 되는 상태를 경계한다. 이렇게 말하면 지킬 앤드 하이드처럼 제2의 자아라도 튀어나오기라도 하나? 싶겠지만 아쉽게도 그런 건 아니다. 그렇다고 술자리가 싫다고 말하긴 어렵다. 맛있는 술, 좋은 음식, 사랑하는 사람들의 완벽한 삼위일체를 너무 사랑한다. 친구들이 이 글을 본다면 "뭐? 술 마시면 즐겁지 않다고?", "푸하하, 사진첩 한번 까봐?"라며 득달같이 달려들 게 뻔하지만, 적어도 2025년 여름 지금, 이 시점에선 후자에 가까워졌다.

나이가 들면서 몸이 술을 버티지 못하기 시작했고, 떠올리면 손가락이 오그라드는 흑역사도 차고 넘치게 쌓았다.

문어발 인생, 괴로와

할 말 못할 말, 할 일 못할 일 구분 못 하는 인간 군상도
지겹도록 목격했다. 그리고 가끔은 술 때문에 내면 깊숙이
봉인해 둔 감정이 불쑥 분출되기도 했다. 취기가 완전히 선을
넘었을 때 스멀스멀 기어 나오는 꼰대 기질과 꼭꼭 숨겨둔
어둠이 빼꼼 고개를 내밀 때, 돌이켜보니 썩 아름다운 광경은
아니었다. 스스로 봐도 그런 내가 꼴불견이다. 게다가 다음 날
고역스럽게 깨어나 숙취와 함께 밀려오는 자괴감까지 세트로.
지금은 술을 마시면 적당히 아쉬운 타이밍에 멈추려고 애쓴다.
애쓸 뿐이지만.

　　코로나가 본격 대유행하기 전쯤이었을까. 돌아오는
생일을 핑계로 친구와 단둘이 이태원에서 거나하게 취한
밤이었다. 그땐 아직 체력이 넘쳐났는지 코가 비뚤어지도록
놀아도 멀쩡했다. 해방촌 언덕배기 LP 바에서 흘러나오는
음악에 몸을 맡겼고, 오가는 인파 속에서 유명 연예인도

스쳤고, 코끝을 간질이는 흥분이 휘파람 불듯 넘실거렸다. 지하철은 진작 끊겼고 우리는 아무 술집이나 들어가 2차, 3차를 섭렵했다. 획획 돌아가는 세상에서 놓친 소식이 없는지부터, 당시 유행하던 시티팝 플레이리스트를 공유하고, "루카 구아다니노 감독이 드라마도 연출했대!", "요즘 읽는 책이 뭐냐면…" 서로의 취향을 주고받는 것만으로도 세상을 접수한 기분이었다. 딱 거기까지는 완벽했다.

생각했던 주량을 한참을 넘기고 결국 술에 절은 몸으로 내리막길을 성큼성큼 비틀거리며 내려오는데, 아쉬움이 발목을 붙들었다. 친구에게 집 근처에서 딱 한 잔만 더 하자고 꼬셨고 우린 곧장 택시를 잡았다. 숨을 들이쉴 때마다 알코올 향이 진동했다. 달리는 택시 안, 좌석에 머리를 기댄 채 빙빙 도는 세상을 흘려보내고 있는데 갑자기… 별안간 슬픔이 밀려왔다. 설마 술 먹고 우는 건 아니겠지 싶은 걱정은 접어두시라. 다행히 우는 주사는 부린 적 없다.

문어발 인생, 괴로와

당시 나는 인생의 암흑기를 통과하는 중이었다. 우울증과 불안장애가 바닥을 찍었다가 서서히 회복 중이었고, 두꺼운 이불로 꽁꽁 감춘 채 아무렇지 않은 척 일상을 영위하고 있었다. 그래도 이날 밤은 정말로 즐거웠고, 우울과 불안 세포들만 구석에 넣어두고 술자리에 임했다. 울고불고 괴로움을 털어놔 봤자 멀쩡한 관계만 망가뜨리고 스스로 초라해진다는 걸 익히 알았고 나 때문에 분위기가 가라앉는 게 더 싫었다.

하지만 이날 밤은 평소 주량을 가뿐히 넘겨도 취하지 않길래 무적이 된 기분이었고, 별안간 가만히 있던 세상에게 덤벼보라고 도발했던 게 그들의 심기를 건드렸던 걸까. 그렇게 밀리고 밀린 취기의 선이 기어코 '띨롱' 넘어갔다. 흔들리는 택시 안에서 방지턱을 쿵덕 넘을 때마다 고개가 꺾이고, 감정의 늪에 풍덩 빠졌다가 겨우 헤엄쳐 나오기를 반복했다. 옆자리에서 나와 만취 동기화된 친구도 눈이 반쯤 풀린 채

창가에 머리를 파묻고선 내게 물었다.

"그래서 넌, 어떤데 요즘?"

이때부터는 기억이 흐릿하지만 뭔가 둘이서 중얼거리다 친구가 던진 질문이었다. 이미 나는 무언가에 압도된 상태였고, 누군가에 빙의된 사람처럼 굉장히 시리어스한 인간이 되어 있었다.

"필사적으로 망망대해에 떠 있는 기분이야. 손발에 작은 부표를 달고 물과 평행하게 몸을 맡기고 있달까. 자칫 잘못하면 가라앉을까 봐 무서워."

라고 답했다. 하지만 택시 기사님의 입장에서 보면 실제론 이랬을 것이다.

"구레셔, 넝 어.ㅇ떤데"

"몰라 ㅅ발. 소쩌키 말하면 (딸꾹) ㅁ.먄망대해에 떠이있는 거 가타. 가라앙으까바 ㅁ서우ㅓ(딸꾹)"

초등학교 때 유행하던 외계어에 견줄 만한 취중

문어발 인생, 괴로와

옹알이였다. 서로 알아들었다는 게 기적일 정도로 각자 푸념을
쏟아냈다. 고삐 풀린 망아지처럼 푸념이 푸념을 낳았다. 말을
할수록 덮어둔 이불이 한 겹씩 벗겨지는 기분이었다. 제어
불능 엔진을 달고 질주했다. 뭐랄까… 알몸이 된 느낌이었다.
맹수에게 등을 내준 초식동물이 된 기분. 후련함과 동시에
원인 모를 수치심이 스쳤다. 이 말을 꺼내기까지 가라앉지
않으려고 얼마나 분주히 팔다리를 저었던가. 지난하게 버텨온
날들이 떠올랐다. 그 모든 몸부림이 기특하면서도 안쓰러웠다.
바닥을 드러낸 내면의 균열을 감추려고 끊임없이 펌프질을
해왔었다.

　　집에 들어가기가 두려워 자정까지 거리를 배회했던
밤들, 겨우 눈을 붙이고도 아침이 밝아올 생각에 깊게 토해낸
두려움의 한숨들, 회사에서 일하다 말고 죽을 것 같은 공포에
휩싸여 말 그대로 뛰쳐나가 미리 알아둔 근처 정신과로 울며
올라갔던 어두운 계단이 떠올랐다. 분명 나는 괜찮아졌다고,

이제는 괜찮다고 믿었는데. 순간적으로 쏟아지는 무언가에 이게 멀미인지 취기인지 분간이 안 됐다. 뭐가 됐든 분명한 건 이게 술의 소행이라는 것. 꽁꽁 감춰둔 감정을 이불 밖으로 끄집어내는 게 술이 제일 잘 하는 일 아닌가.

새까만 밤하늘 아래, 한강을 가로질러 대교 위를 질주하는 차 안에서 느낀 그 어지러움에… 나는 그대로 블랙아웃됐다. 그 뒤로 집에 갔는지 막걸릿집에 갔는지는 기억나지 않는다. 다행인 건 술김에 토해낸 고백과 수치심이 친구에게는 닿지 않았다는 것. 택시에서 대화는 까맣게 잊은 듯했다. 아, 택시 기사님만 빼고.

그러니까 내가 수치심을 느낀 건 우울증을 들켜서가 아니라 밖으로 꺼내지 못한 감정이 술김을 빌려 절제 없이 폭포처럼 쏟아진 게 싫었던 거다. 술 없이도 가볍게, 유연하게 툭 꺼낼 수 있기를. 그만큼 정말로 괜찮아지기를 간절히 바랐는데.

문어발 인생, 괴로와

그래서 지금은 어떠냐면… 지금은 괜찮다. 그때의 내가
정말 나였을까 싶을 정도로 지금과 다르게 느껴졌다. 충분히
회복했다. 이제는 가라앉지 않을 만큼의 부력은 늘 유지한다.
공기가 새는 곳은 없는지 수시로 점검하고, 큰 파도에도
흔들리지 않는 유연한 영법에 조금씩 익숙해졌다.

이쯤에서 다시 술 얘기로 돌아가자면, 만취가 되는 그
순간이 여전히 두렵지만 그 전까지의 적당한 취기와 따뜻한
솔직함은 좋다. 좋아하는 사람들과 천천히 물들어가는 옅은
취기에 느슨해지는 그 시간만큼은 오래오래 갖고싶다.

연애는 개복치

문어발식 인생이 연애에도 적용됐는지 묻는다면,
아쉽게도 완전히 빗나간 추측이다. 정확히 말하면 정반대였다.
양다리는커녕 한 사람과의 관계도 끙끙 앓으며 간신히
유지했다. 내 연애 방식은 '오는 사람 막고 가는 사람 잡는'
전형적인 호구에 가까웠다. 불쌍한 인간 개복치. 연애도
문어발처럼 했다면 화려한 인생을 살았을 텐데, 사랑 앞에선
늘 전전긍긍하는 찌질한 인간이었다. 이별 후에도 떨쳐내지
못한 미련을 붙들고 과거를 되새김질하며 자책하는 데 몇 달을
통째로 바쳤다.

그렇게 몇 번을 반복하니 '다신 이렇게 살지 않겠다.
오는 남자가 있다면 일단 잡자! 무조건 꼬셔!' 같은 남미새적
마인드를 장착했다. 하지만 사람은 고쳐 쓰는 게 아니라더니,
결국엔 DNA 깊숙이 새겨진 철벽 기질이 그 다짐을 가뿐히
무력화시켰다.

사람을 만나는 건 부지런함이 필요한 일이었다. 더군다나

소개팅에서 만난 상대를 두세 번 더 만나보는 건 인내심의
영역이었다. 그런 면에서 나는 포용력이 현저히 부족했다. 첫
소개팅 자리에서 마음이 조금이라도 갸우뚱하면 그 날로
끝이었다. 한번 더 보는 일은 결코 없었다. 게다가 소.개.팅. 으악!
단어부터 왠지 징그럽다. 듣기만 해도 몸이 뻑뻑하게 굳는
느낌이다(그렇다고 안 한 건 아니지만).

　　소개팅은 만나기도 전부터 할 일이 산더미다. 일단 번호를
주고받았다는 가정하에 약속 장소를 정해야 한다. 대부분
상대가 정하지만, 혹시 몰라 나도 리서치를 시작한다. 네이버
지도를 켜고 평소엔 눈길도 안 주던 '분위기 좋은 파스타집'을
뒤진다. 내 지도엔 온갖 맛집 핀이 빼곡히 박혀있지만, 정작
소개팅에 어울리는 곳은 전무했다. 대부분 술집이거나
작업하기 좋은 카페, 아니면 줄 서서 먹는 디저트 집이나
밥집이 주를 이뤘다.

　　이탈리안 레스토랑 위주로 물색하는 데는 나름의 이유가

있다. 기본적으로 내가 사랑하는 한식과는 거리가 멀어야 한다. 이에 고춧가루나 고기가 끼면 안 되니 빨간 찌개류는 금물이다. 마늘과 삼겹살을 상추에 싸서 한입 가득 욱여넣는 보쌈집도 마찬가지. 같은 맥락에서 햄버거집도 제외다. 이런저런 조건을 충족하는 식당을 찾는 것부터가 피로감의 시작이었다.

어찌저찌 적당한 분위기의 양식당을 정했다면, 진짜 문제는 그때부터다. 만나기도 전에 나는 다년간 축적된 데이터베이스로 이미 상대방에 관한 판단을 내려버린다. '분명 마음에 안 들 거야.' 이건 내가 눈이 높아서라기보다 부자연스러운 상황에서 압박감이 빚어낸 방어기제였다. 기대가 클수록 실망감은 두 배로 돌아오니까. 소개팅을 마치고 돌아오는 그날 밤엔 온몸에서 빠져나간 기대감과 밀려드는 허탈감으로 늘 기절하듯 침대에 쓰러져 잠들었었다.

이상하게 소개팅에서만큼은 철통 방어 모드로 전환됐다. 상대에게서 조금이라도 이상한 점이 포착되면 정이 뚝 떨어졌다. 팔뚝에서 발견한 한 가닥의 긴 털, 몸에 비해 짧은 소매, 덩치에 어울리지 않는 작은 가방, 한때는 투명했을 폰 케이스가 자외선에 누렇게 변색된 모습, 설마 멋부린다고 입고왔을까 싶은 겨자색 니트, 겨드랑이가 살짝 껴보이는 코트 핏 등, 사실 이 모든 건 핑계고 그냥 마음이 안 갔던 건지도. 어쨌든 하등 쓸데없는 디테일에도 감정이 얼음처럼 식어버렸다.

　이쯤 되면 '그러면 연애는 도대체 어떻게 해온 거야?'라고 의문이 들 텐데, 때로는 예상치 못한 한 가지 포인트에 마음이 훅 가서 순식간에 사랑에 빠지기도 했다. 예를 들어 정수기에 있는 납작한 종이컵을 단 한 번의 입김으로 훅! 불어 펼친 다음 한큐에 물을 받아 입으로 털어 넣는 일련의 그 동작이 엄청나게 섹시해 보였다던가. 상대방과 첫 만남에서 뚝딱거리는 내 모습을 보고 '가지가지 하시네요?'라고 말하는 상대방이 웃겨서 마음이 완전히 무장해제 된다던가…. 그런 요상한 포인트로 인해 마음에 들면 또 거침없이 돌진하는 스타일이었다. 가뭄에 콩 나듯, 아주 드물게.

이렇듯 종잡을 수 없이 널뛰는 기준 때문에 어느 순간부터 소개팅 자체가 공포가 됐다. 사람은 만나고 싶은데 소개팅밖에 방법이 없다면 "차라리 너네 술자리에 끼워줘. 내가 우연히 그 근처 지나갈게!"라고 부탁할 정도였다. 인위적인 만남이 싫다면 자연스러운 만남을 인위적으로 연출하는 것. 그러면 부담이 덜했다. 자연스러운 만남을 위한 부자연스러운 연출이라… 이게 무슨 따뜻한 아이스 아메리카노, 소리 없는 아우성 같은 소린지.

더 기막힌 건, 괜찮아 보이는 상대가 나타나도 그냥 집에 가고 싶을 때가 있었다. 실제로 대화 도중 도망친 적도 있었다 (그 이야기는 다음 장에서 자세히). 지금 생각해도 여전히 미스터리다. 이쯤 되면 상대가 이상한 게 아니라 내가 이상한 걸지도.

그래, 난 연애 개복치가 맞아….

일단, 도망가

서울살이 1년 차쯤 됐을까. 겨우 신입사원 딱지를 떼고 당당히 K-직장인 타이틀을 달고는 퇴근 후의 삶을 경주마처럼 질주하던 와중에 갑자기 카톡이 한 통 도착했다. 대학교 때 잠깐 알고 지내던 친구 J였다. 세상에, 몇 년 만에 보는 이름이야. 잘 지내냐는 연락에 짧게 안부를 주고받았고, 얼떨결에 만나는 약속까지 잡게 되었다. 하지만 반가운 마음도 잠시, J랑 어떻게 알게 되었더라? 눈알을 데굴데굴 굴리며 그와의 기억을 더듬자 J를 만나는 게 괜찮을까 잠시 망설여졌다.

J와 첫 만남은 교양수업 때였다. 물리치료학과를 전공한 J는 꽤 훈훈한 외모를 자랑했다. 악명 높은 조별 과제에서도 유일한 천사였다. 당시 나는 디자인과란 이유로 발표용 PPT 제작은 자동으로 내 몫이 됐고, 팀원들이 가져온 자료조사는 엉망진창이어서 결국 1부터 10까지 내가 다 해야하는 상황에

처했다. 하지만 우글거리는 과제 빌런들 사이에서 그는 최대한 나를 도와줬다. 자연스럽게 PPT 제작은 내가, 발표 준비는 J가 맡았다. 과제를 거의 둘이서 해치우다 보니, 그가 나처럼 기숙사에 산다는 사실을 알게 됐다. 그래서인지 우리는 조금 더 가까워졌다. 비디자인 계열의 친구를 사귄 건 그때가 처음이었다. 과제가 끝나고도 우리는 조식 시간에도, 석식 시간에도 한 번씩 오며 가며 마주쳤다.

　　모든 기숙사가 그렇듯 여기도 통금 규칙이 있었다. 자정이 지나서 입구에 출입 카드를 찍으면 벌점 1점이 쌓였고, 15점이 넘으면 즉시 퇴실 조치됐다(한 학기마다 벌점은 초기화된다). 그 외에도 기숙사 규칙을 어기거나 중대한 문제를 일으키면 벌점이 두 배로 쌓였다. 하지만 벌점 때문에 퇴실하는 사람은 실제로 많지 않았다. 15점에 육박하면 사감 선생님께 불려가 면담부터 이뤄졌는데, 호랑이 사감으로 유명했던 선생님과의 면담은 최대한 피하는 게 상책이었다. 면담을 가장한 선생님의

문어발 인생, 괴로와

살벌한 꾸중은 문밖에서도 쩌렁쩌렁 울렸다. 조심하겠다고
싹싹 빌고 나면 선생님(지나고 보니 호랑이 사감 선생님은 겉바속촉,
알면 알수록 따뜻한 분이셨다)은 쌓인 벌점을 약간 깎아주셨다.
당시 나는 학과 동기들과 평일과 주말 가리지 않고 술을
마셨고, 마실 때마다 대충이란 없었다. 늘 고주망태가 됐다.
그럴 때마다 함께 기숙사에 살던 동기 동생들이 양옆에서
나를 부축해 기숙사로 질질 끌고 들어갔다. 벌점은 순식간에
치솟았고 어느새 10점을 넘어서고 있었다.

　　아, 곧 사감실에 불려 가겠구나. 마음의 준비를 하며
쪼그라든 심장으로 하루하루를 보내는데, 며칠이 지나도
사감실에서 아무런 연락이 없었다. 무슨 영문인지 모르겠지만
일단 종강 때까지만 조용히 버텨보기로 했다.

　　어느 날 우연히 J를 석식 시간에 마주쳤다. 그는 다가와
말했다. "소현! 벌점 꽤 쌓였더라." 옅은 미소와 함께 사라지는
게 아닌가. 뭐지? 왜 네가 내 벌점을 알고 있는 거야. 당혹감이

밀려왔다.

  알고 보니 그는 기숙사를 관리하는 근로학생이었다. 방과
후 생활에 심취해 통금 따위 개나 줘버린 내 기숙사 생활
패턴을 그는 다 알고 있었고, 빠르게 늘어나는 벌점을 모두
체크하고 있었다. J는 내가 기숙사를 떠나는 3학년 말까지
그렇게 벌점을 모두 지워줬다. 벌점이 점점 줄어든다는 사실을
알아차렸을 때도 J에게 고맙다는 말은 하지 못했다. 아무도
모르게 행해지는 이 상황에 마냥 고맙다고 말하기가 민망했다.

  어느 날, 1층 식당에서 밥을 먹고 나오는 길이었다. 갑자기
호랑이 사감 선생님께서 지나가는 나를 불러 세웠다. 운명을
직감했다. 큰일이다. 나 오늘 기숙사 쫓겨나는 날이구나. 드디어
이 모든 만행을 사감 선생님이 알아버렸구나. 잔뜩 얼어붙은
채로 쭈뼛쭈뼛 다가갔다.

  "너, J 알지?"

  "네! 그, 그런데요(들킨건가)?"

문어발 인생, 괴로와

"내가 J를 얼마나 아끼는지 알아? 착하고 성실하고…
아참, 소현 맞지? 소현이 너 말이야."

세상에, 심지어 내 이름까지 알고 계셔. 제가 그 착하고
성실한 친구를 못된 길로 빠뜨리기라도 했나요. 아니면
허구한 날 자정 넘어 돌아오는 사람의 벌점을 지워주다가
스트레스라도 받아서 쓰러진 걸까요. 그것도 아니면, 벌점
전산시스템의 비상식적인 흐름(그런 게 있을 리가 없지만)을
눈치채고 계속 벼르고 계셨나? 짧은 시간 동안 별의별 생각이
다 들었다.

"J랑 만나볼 생각 없나?"

네? 잘못 들었습니다만? 무슨 영화나 드라마에서 나올
법한 대사였다. 게다가 부모님도 아니고 기숙사 사감 선생님이
급식당에서 맨얼굴로 슬리퍼 질질 끌고 나오던 나에게 하는
말이라기엔 상황이 상당히 아방가르드했다. 형식을 넘어선
뭐랄까 포스트 모던한 어딘가. J와 어떤 대화를 나누었길래

내 이름을 잘 아시는지 모르겠지만, 선생님은 나를 좀 지켜본 결과 성적도 괜찮으니 기숙사에 오래 남아 있는 것 같고, 별문제를 일으킨 것도 없는 것 같으니(왜 없는지 선생님은 모르시겠죠) 눈여겨봤던 것 같았다. 아니, 어쨌거나 이게 무슨 일인가 싶어 대충 얼버무리며 황급히 자리를 떴고, 그날 일을 크게 의미를 두지 않고 금세 잊어버렸다.

4학년부터는 3년 동안 지내던 기숙사를 떠나 친구와 함께 학교 근처에서 자취방을 구했다. 사실은 내 어이없는 실수로 기숙사 신청 기간을 놓치는 바람에 그곳을 나올 수밖에 없었다. 급하게 새 자취방을 계약하고 짐 정리를 하는 와중에 J에게 갑자기 연락이 왔다. 지금이라도 신청하면 넣어줄 테니까 신청하라고. 그는 내가 기숙사를 신청하지 못했다는 사실을 알고 있었다.

하지만 그땐 이미 집 계약을 마친 터라 무를 수가 없었다. 고맙고 아쉬운 마음에 그 친구와 밖에서 저녁 약속을

문어발 인생, 괴로와

잡았다. 조별 과제 이후로 밖에서 단둘이 보는 건 처음이었다.
선술집에서 맥주 한 잔에 이런저런 얘기를 하는데 뭔가 공기의
흐름이 묘하게 달라지는 걸 느꼈다. 긴장감이 맴돌았다.
J는 유럽 여행하면서 사 온 명품 손수건을 건네며 나에게
좋아한다고 고백했다.

　　정말 놀랍게도 나는 그가 한 번도 나를 좋아한다고
생각해 본 적이 없었다. 기숙사 생활하는 내내 벌점을 깎아준
그 많은 징후에도 전혀 눈치채지 못했다. 평소 눈치가 빠르다고
자부해왔는데, 웬걸 처음부터 눈치 따위 국밥 말아먹듯
작살냈다. 핑계를 대보자면 연애 경험이 많지 않았고 누군가가
나를 좋아한다는 상황에 익숙하지 않았다. 내 당혹감만큼이나
당황스러운 건 J도 마찬가지였다. 더 말은 안 했지만 눈빛으로
'너 내가 좋아했던 거 알고 있지 않았어?'라고 말하는 듯했다.
나는 그의 고백을 그 자리에서 딱 잘라 거절하지 못했고,
생각할 시간이 필요하다고 했다. 술에 알딸딸해진 정신에

사고회로가 정지된 건지 당장, 이 상황을 판단하기 힘들었다. 그러고선 둘 다 어색해졌고 아무런 결론도 내지 않고 헤어졌다. 나는 그 길로 J를 보지 않았다.

적다 보니 삼천포로 빠졌지만 앞서 말한 이야기를 이어서 말하자면, J가 오랜만에 연락해서 만나서 밥을 먹자고 한 건 그날 이후 처음이었다. 그렇게 그를 5년 만에 서울 합정동에서 만났다. 몇 년 만에 본 그는 잘 지내고 있었다. 전공을 살려 물리치료사가 됐다. 아파트에 집도 장만했고, 서울과 부산 병원을 왔다 갔다 하며 바쁘게 지내며 돈도 꽤 모았다고 했다. 그는 5년 전과 변함이 없었다. 여전히 상냥했고, 따뜻했다. 꼭 내게 어필하듯 본인이 구축한 안정적인 라이프를 계속해서 얘기했다.

얘기를 듣는 내내 그가 참 멋지다고 생각했다. 하지만 머리로는 '오, 일등 신랑감이 따로 없네…'라고 생각하면서도

문어발 인생, 괴로와

여전히 마음은 철옹성처럼 굳게 닫혀 있었다. 그래 뭐, 마음만 철옹성이면 다행이었다. 그냥 즐겁게 대화하고 안녕을 고하면 되는 거였다. 분명 이건 소개팅 자리도 아니었고 단지 오랜만에 친구를 만나는 자리일 뿐인데, 그렇게 생각하면 됐었다.

그런데 뭐랄까… 그때의 선술집 상황이 갑자기 오버랩되면서 혼자 김칫국을 마시기 시작했다. 혼자 저 멀리 가서 거절을 어떻게 해야 하나, 나는 거절을 할 수 있을 것인가. 혼자 망상의 나래를 펼치고선 바쁘게 머리를 굴렸다. 그때처럼 어버버하고 넘겨선 안 된다고 다짐하던 찰나, 시계를 보니 자정에 가까워져 있었다.

"그런데, 너 집에는 어떻게 가게?"

"친척 집이 근처에 있어. 택시 타면 돼."

막차를 탈 생각이 없어 보이는 그의 말에 혼자 나는 내리 확신했다. 큰일 났다. 그때의 상황이 다가오고 있다. 잊지 마, 이번엔 딱 잘라 거절하는 거야. 나는 그때부터 대화에

집중하지 못한 채 슬쩍 막차 시간을 검색했다. 맙소사. 마지막
지하철을⋯ 놓쳤잖아? 멘붕이 온 나는 희대의 미친 짓을
저지르고 마는데⋯ 근처 사는 친구에게 곧바로 카톡을 보냈다.
'정확히 5분 뒤에 나한테 전화해 줘. 그러고는 아프다고 해,
알았지?' 그렇게 문자를 보내고 정말로 5분 뒤에 친구로부터
전화가 왔다.

"여보세요? 뭐? 아프다고?? 어디가? 응급실? 어어 응급실
그래그래, 내가 갈게."

이 모든 게 그냥 상상이었으면 좋겠지만 실제로 일어났던
일이라면 믿으시겠습니까. 희대의 미친 인간은 또 희대의
발연기를 선보이며 혼신을 다해 거짓부렁쇼을 펼쳤다. 친구는
눈치껏 상황을 파악하고선 덩달아 내 발연기에 발맞춰 같이
혼신의 연기 차력쇼를 보여줬다. 급하게 전화를 끊은 나는
심각한 표정으로 미간을 한껏 찌푸리며 J에게 말했다.

"미안한데! 나 가봐야 할 것 같아! (울먹이며) 친구가

맹장이 터졌나 봐. 응급실 가는 거 도와줘야 할 것 같아."

누가 봐도 대사 지문 옆에 괄호 열고 (심각한 듯한 목소리로 다급하게)라고 써놓은 게 느껴질 정도로 정직하고, 경직된 톤으로 말했다. 더 심각한 건 당시의 나는 꽤 실감 나는 연기에 스스로 만족하고 있었다. 그렇게 생각하기도 잠시, 상황 파악을 하던 J는 차분히 내게 되물었다.

"아 그래? 병원이 어딘데? 가까워?"

"어어, 그… 저기… 조금만 더 가면 응암역에 병원이 하나 있거든?"

예상치 못한 그의 말에 당황한 나는 기지를 발휘해 응암역에 큰 종합병원이 있다는 사실을 기억해 냈다. 좋았어, 완전 자연스러웠어. 친구를 살려야 한다는 책임감인지 내 발연기가 들통날까 봐인지(정확히 후자가 맞다) 굉장히 초조한 태도로 엉덩이를 들썩거렸다. "아이고, 어떡하냐. 얼른 가봐." J는 끝까지 차분한 태도로 말했다.

나는 급하게 가방을 챙기고선 오늘 즐거웠다고, 상황을 이해해 줘서 고맙다고, 넌 정말 멋진 친구라며… 나이스하고 매너 있게… 자리에서 일어났다. 그리고 그의 얼굴을 슬쩍 봤는데, 그가 아주 옅은 미소로 한쪽 입꼬리만 씰룩거리며 미소를 짓고 있었다.

…그렇다. 그가 어디까지 눈치를 챈 건지 알 수 없지만 분명한 건 그도 알았고 나도 알았다. 그때의 나는 정말 최악의 모습이었다는 걸. 일어날 때까지만 해도 꽤 만족스러운 연기를 보여줬다고 생각했던 스스로가 순식간에 부끄러움으로 바뀌었다. 뒤돌아 나가는 길이 이렇게 가시밭길처럼 느껴지는 건 처음이었다. 따가웠다. 그토록 싫어하던 도피성 태도를 내가 하고 자빠졌다니. 알고 보면 아무 일도 없었을 그날을 내가 나서서 정성껏 망쳐버렸다.

아직도 그때를 떠올리면 그 친구의 씰룩거렸던 입꼬리와

발로 연기했던 나의 초조함이 생생하게 전해졌다. 인생 최악의
연기였다. 부끄럽다. 간간이 들리는 소식으로는 J는 최근에
결혼했다고 들었다. 듣던 중 정말 다행이었다. 부디 그때의
합정동 밤을 잊어다오. 궂은 기억은 다 잊고 잘 살았으면
좋겠다. 넌 정말… 나이스 가이였어….

이번 역은
탈모역, 탈모역입니다

인상을 팍 찌푸리며 눈을 떴다. 알람이 채 울리기도 전이다. 한숨을 깊게 토해내곤 알람을 미리 끄고 습관처럼 메모 앱을 켰다. 여전히 비몽사몽인 정신에 손가락으로 방금 꾼 꿈을 휘갈겨 기록했다. 꿈에는 전 연인이 나왔다. 당연히 좋은 꿈일 리가 없었다. 별 의미도 뜻도 없는 개꿈이었다. 왜 X들은 이렇게 시간이 지나도 한 번씩 출몰하는 걸까. 그 시간에 차은우나 한번 나왔으면 좋겠다… 라고 생각하며 서둘러 출근 준비를 했다.

전 연인이 꿈에 나오면 그날 하루는 이상하게 기운이 빠졌다. 꿈은 내 의지와는 상관없이 머릿속에 X의 이름을 새겨놓고 갔다. 덕분에 예전 기억들까지 뭉텅이로 소환됐다. 뭐가 그리 찝찝한 건지, 그렇게 꿈꾸고 나면 마음에 물결이 일렁이듯 감정들이 요동쳤고, 매직아이처럼 패턴이 만들어졌다가 사라졌다 불안정하게 흔들렸다. 일어나기 직전에 꾼 개떡 같은 꿈이 그날 하루 컨디션을 좌우하는 경우가

문어발 인생, 괴로와

더러 있었다. 저녁 노을빛만 봐도 마음이 허해졌다. 새벽 두
시 감성을 한낮에 끌어다 쓰는 기분이었다. 적어도 20대에는
그랬다.

　　신기하게도 30대로 접어들면서는 꿈자리 때문에
심란해지는 일이 거의 사라졌다. 드디어 개복치를 벗어난 거야?
개복치에서 갈치 정도로 진화했단 말인가. 나의 30대 연애는
단순명료했다. 그런 점에서 가장 신경 쓴 건 아이러니하게도
이별이었다. 당연히 헤어짐을 염두에 두고 연애를 하진
않았지만, '끝'이 그 이후를, 그다음 연애를 좌우한다는 걸
뼈저리게 알고 있었다. 상대방과의 연애가 괜찮았다면 더더욱.
필요한 만큼 덜어 먹는 뷔페처럼 내게 알맞게 연애를 시작했고
깔끔하게 마치려 노력했다. 아무리 꼴 보기 싫어도 악수라도
하고 끝내야 속이 편했다. 발우공양 하듯 남김없이 싹싹
긁어먹고 나면 설거지할 일도 없었다. 그래야 이별 숙취가
없었다.

세상에 좋은 이별 따위 없지만(마치 이별 전문가인 것처럼 포장했지만, 사실은 주로 차이는 처지였다) 이별엔 당연히 마음이 편할 리가 없다. 슬프고 괴롭겠지… 힘들고, 없으면 안 될 것 같겠지… 하지만 인간은 생각보다 별일 없이 잘 살아간다는 걸 기억해야 한다. 없는 입맛을 핑계로 내 육신이 단 1g이라도 사라지는 걸 경계하자. 나는 소중하니까. 어쨌든 연애를 마무리했다면 곧바로 다음 스텝을 밟아야 한다. 사랑에는 긍정적으로 바라보는 럭키비키 "원영적" 사고가 있다면, 이별에는 어떤 후유증에도 흔들리지 않는… "원형탈모적" 사고가 있다.

나는 이별을 겪고 나면, 텅 비어버린 마음속에 편도행 기차를 한 대 만들었다. 그리고 열차에 전 연인을 태웠다. 이왕 태울 거 이전에 만났던 X들을 모두 소환했다. 잠수를 탔던 놈이나, 인성 파탄자였던 놈이나, 싸이코였던 놈이나, 환승했던 놈이나 전부 열차에 욱여넣었다. 그리고 기차는 출발한다.

멀어져 가는 기차를 바라보며 잊지 않고 기도한다. 하느님,
부처님. 부탁 하나만 들어주실래요. 조금 전에 제가 기차에
사람을 몇 명 태워 보냈는데요. 목적지에 도착하면 그들
정수리에 동그랗고 예쁜… 원형 탈모를 선물해 주십시오.

그렇다. 내가 만든 열차의 목적지는 편도행 탈모역이다.
원형탈모적 사고가 어떤 놈 때문에 생겨났는지 정확히
기억나지 않지만, 그때 처음 출발한 기차는 후진 없이
원활하게 운행 중이다. 글쎄… 언제 도착할지 모르겠지만, 꼭
목적지에 도착했으면 좋겠다. 혹시라도 전 연인이 생각나는
날이면 이를 악물고 동그랗게 빛나는 정수리를 가진 그의
모습으로 바꿔 상상했다. 종교가 있지만 기도는 안 하는
나에게 가족을 제외한 유일한 기도이기도 했다. 태생이
좀생이라 어쩔 수 없다.

이별을 겪고 힘들어하는 친구에게 가끔 이 얘기를 꺼냈다.
나름의 위로 방식이었다. 내 방법을 진지하게 받아들이는

사람은… 당연히 없었다. 이건 무슨 신종 방문판매 기술인지, 죽상이던 얼굴에 피식 웃음이 터져 나왔다. 성공이다. 이것 또한 위로였다.

"진심이야? 왜 하필 탈모인데?"

"야, 남자들한테 머리털이 얼마나 중요한지 알아? 신기한 게 내 전 애인들 전부 빠짐없이 집에 한방 탈모 샴푸가 있었다? 20대에 만났던 사람부터 30대까지 전부 다. 소름!"

"으하하. 생각해 보니까 그러네? 내 전 남친도 전 전 남친도 탈모 샴푸 썼어!"

"거봐. 진짜라니까."

정말로 내 전 연인들은 상표만 조금씩 다를 뿐 전부 탈모 샴푸를 쓰고 있었다. 그리고 우산 없이 비를 맞는 걸 극도로 꺼렸다. 어찌나 머리카락에 목숨을 거는지, 두툼한 손으로 정수리를 감싸고 뛰어가던 모습을 떠올리니 지금도 정이 뚝 떨어진다(누군지 말 안했다?). 아아, 노파심에 얘기하자면 내 전

147

애인을 제외한 모든 사람의 모발 건강을 존중합니다. 그저 이별 후유증이 만들어낸 나만의 생존 방식일 뿐이다.

그렇게 탈모행 열차를 보내고 나면 그들은 내 세상에서 사라진다. 정말로 북극이나 남극에 사는 거 아닌 이상, 육지에 발붙어 있는 그들을 저세상 목적지로 보내버렸다. 조금 더 극단적으로 얘기하자면 그냥 죽었다고 생각하면 편하다. 부디 도착한 그곳에서 동그란 두상으로 눈부신 삶을 보내길 바란다.

아 참, 탈모행 열차에 타지 않은 사람이 딱 한 명 있긴 한데… 일단 당신은 아니야.

三
그럼에도

외발다리의
남자

두 번째였다. 일하다 말고 터져 나오는 눈물과 조여오는
불안감에 밖으로 뛰쳐나간 일은. 첫 번째는 서울에 올라온
후 우울증이 극심했을 때였고, 두 번째는 이때였다. 밀려드는
감정에 눈물이 쏟아졌다. 아빠의 수술이 잡힌 날이었다.
가족 단톡방에 엄마가 실시간으로 중계했다. "아빠 수술실
들어갔어." 단톡방엔 침묵만 맴돌았다.

수술 자체는 간단했다. 왼쪽 다리를 잘라내는 것. 아빠의
왼쪽 다리는 더 이상 제 역할을 못 하는 상태였다. 몇 년 전부터
당뇨 합병증으로 말초신경이 썩어 들어갔고 회생 불가능한
지경에 이르렀다. 기적적으로 회복해서 절뚝거리더라도 두
다리로 서 있길 바랐지만, 두 다리가 주는 희망을 포기하고
싶지 않았지만, 그럼에도 절단을 선택한 이유는 남은 방법이
이것밖에 없어서였다. 아빠는 다리가 썩기 시작한 날부터 매일
고통에 시달렸다. 거동이 불편해지더니 급기야 발이 땅에 닿는
것조차 괴로워했었다. 하지만 절단 수술은 아빠의 생사를 가를

마지막 도박이기도 했다. 어쩌면 마지막일수도 있는 아빠의 다리 절단 수술을 하기로 결정한 건 우리 가족에게 너무나도 고통스러운 시간이었다. 모두 의사 선생님은 몸 상태가 워낙 안 좋으니 수술 후 깨어나지 못할 수도 있다고, 마음의 준비를 하라고 했다. 다행히 장장 5시간의 대수술 끝에 아빠는 무사히, 기적처럼 눈을 떴다.

아빠는 늙는 게 아니라 무너지고 있었다. 단순히 주름이 늘고 머리가 세는 것과는 차원이 달랐다. 그의 몸은 신속하게, 체계적으로 망가져 갔다. 뇌경색으로 처음 쓰러진 이후 그의 삶은 180도 뒤집혔다. 아빠가 유일한 경제원이었기에 가세가 기우는 건 한순간이었다. 그가 대표로 있던 작은 회사는 안 그래도 휘청거리던 차에 치명타를 맞고 회생할 틈도 없이 문을 닫았고, 살던 집은 경매로 넘어갔다. 빚더미에 앉은 아빠와 엄마는 신용불량자가 됐다. 그나마 아빠가 아끼던 차들을 모두 처분하고 언니와 내 명의로 대출받아 겨우 집을 구해 쫓기듯

이사했다. 새집은 다섯 식구가 살기엔 좁았지만… 괜찮았다.
마침, 삼수 끝에 지원한 대학에 수석으로 입학했고 절묘한
타이밍에 독립을 시작했다. 다행히도 뇌경색 후유증으로
반신마비가 왔던 아빠도 극적으로 회복했다. 바닥을 친 운명이
조금은 정신을 차린 건지, 최악의 순간마다 아슬아슬하게
비껴갔다.

　　입학 장학금 덕분에 1년간 등록금 걱정은 덜었지만,
이후가 문제였다. 잡힌 빚이 재산으로 인식돼 국가장학금이
나오지 않았다. 집에선 당연히 학비를 댈 여력이 없었다.
설상가상 아빠의 신장이 완전히 망가져 투석을 시작했다. 불난
집에 누가 자꾸 부채질하는 거야. 뭐 하나 순탄한 게 없네.
다른 선택지는 없었다. 정직하게 내가 할 수 있는 일을 했다.
입학과 동시에 사라졌던 삼수생의 간절함을 다시 끌어모아
학교생활에 올인했다. 운 좋게 시작한 미술학원 알바와 성적
장학금으로 집에 손 벌리지 않고 집을 떠나 기숙사에서 지내며

대학을 졸업했다.

　하지만 나와 달리 그의 시간은 여전히 험난했다. 집에
갈 때마다 아빠는 눈에 띄게 쪼그라들어 있었다. 뇌경색을
시작으로 각종 합병증이 도미노처럼 쓰러뜨렸다. 몸에 멀쩡한
구석이 하나도 없었다. 결국 한쪽 다리를 잘라내는 지경에
도달했고, 지금은 엄지손가락 마저 썩어가는 중이다. 가족들은
알았다. 한쪽 다리를 절단하게 되면 그는 평생 다시는 걸을 수
없다는 사실을. 이미 수술 전부터 걷는 걸 포기한 몸엔 쓸 만한
근육이 남아 있지 않았다. 재활 치료는 소용이 없었다. 이제
그는 주변 도움 없이는 침대에서 일어날 수도, 휠체어에 앉을
수도 없는 신세가 됐다.

　여러 차례 고비가 올 때마다 의사는 "마음의 준비를
하세요."라고 하는데, 여전히 그 말이 익숙해지지 않는다.
늘 새롭고요. 곱절로 짜릿하네요. 마음의 준비, 그건 도대체

어떻게 하는 걸까. 가능하기나 한가? 금방이라도 선을 넘을 것 같은 불행이 코앞에 있는데 아무것도 할 수 없다. 이건 내가 해결할 수 있는 문제가 아니다. 그저 함께 버티는 수밖에 없다. 기적처럼 넘긴 올해의 고비를 내년에도 무사히 넘기길. 뭐가 됐든 별일 없기를.

아빠, 이왕 버티기로 했으면 최선을 다해서 살아줘. 아빠가 있는 바닥이 얼마나 무거운지 알아. 천장은 너무 높지. 전화기 너머로 따분하게 돌아가던 선풍기 소리를 기억해. 전화 자주 못 받아서 미안해. 내년에도 자주 얼굴 보자!

과메기 김밥

넷플릭스 드라마 『폭싹 속았수다』의 마지막 회차에서 끝내 참았던 눈물이 터졌다. 머리가 깨질 듯이 울었다. 화면 속 관식이와 애순을 비롯한 인물들의 황혼이 부모님의 얼굴과 겹쳤다. 하지만 내가 정작 눈물을 쏟은 건 극 중 학씨 아저씨 때문이었다.

우리 아빠는 따뜻한 관식이보다는 학씨 아저씨에 훨씬 가까웠다. 관식이 같은 아빠는 적어도 한국엔 없다. '학씨!'라고 외치는 순간만 빼면, 마치 아빠의 삶을 그대로 복사해 드라마에 붙여 넣은 듯했다. 주머니보다 큰 배포로 허세를 부리는 모습, 전형적인 경상도 가부장의 완고함, 가족과의 소통보다는 만사를 돈으로 해결하려는 태도, 배만 둥그렇게 나온 체형까지. 그냥 우리 아빠 그 자체였다. 솔직히 어떤 부분은 학씨 아저씨가 오히려 나아 보였다.

학씨 아저씨가 평생 뿌린 무책임의 대가를 치르며, 돌아온 가족들의 냉대 앞에서 한없이 쪼그라드는 모습을 보니 더욱

문어발 인생, 괴로와

아빠가 떠올랐다. 친구들이 아빠와 야구장에 다녀왔다거나 주말 드라이브를 즐겼다는 얘기를 들을 때면 가슴 한구석이 묘하게 저렸다. 다른 아이들은 아빠와 어떻게 수다를 떠는지, 어떻게 그리 자연스럽게 장난을 주고받는지 신기했다. 나에겐 전혀 상상할 수 없는, 적어도 우리 아빠와는 불가능한 관계였다.

아빠는 20년 동안 주말에만 볼 수 있었다. 서울과 김해를 오가는 주말부부였던 부모님 덕에 아빠는 토요일 아침마다 찾아오는 정기 방문객 같았다. 토요일이면 엄마, 언니, 나, 동생은 일제히 바빠졌다. 도착 시간이 가까워지면 우르르 밖으로 나가 마중했다. 그리움보다는 의무에 가까운 가족 의례였다. 아빠는 우리가 반겨주는 모습을 원했고, 우리는 그 기대에 부응했다.

도착하자마자 아빠가 시키는 첫 심부름은 늘 똑같았다. 담배 한 묶음(12갑)과 하이트 맥주 5병. 동네 슈퍼 아주머니는

익숙하게 "정사장 오셨나 보네."라며 검정 비닐에 맥주병을
조심스레 담아주셨다. 작은 손으로 끙끙대며 무거운 봉지를
들고 오면 (어깨 근육이 유독 발달한 건 이 때문이었을까?), 아빠는
거실 지정 자리에 앉아 엄마가 차린 상에 우리가 사 온 맥주와
담배를 소진하며 TV에 시선을 고정했다. 내 머릿속 아빠는
늘 그 자리, 그 자세였다. 묵묵히 맥주를 비우고 연신 담배를
태우는 사람.

　　그런 아빠와 단둘이 지낸 시간이 있었다. 미대 입시를
준비하던 때였다. 홍대 앞 학원에서 정시를 준비하느라 두 달간
아빠의 서울 오피스텔에 머물렀다. 아빠와 오롯이 둘만 있었던
건 그때가 처음이자 마지막이었다. 어색함을 느낄 겨를도
없었다. 나는 서울에 오자마자 아침 9시부터 밤 10시까지
학원에서 그림을 그렸다. 집에 돌아오면 녹초가 되어 쓰러졌고,
끼니도 학원가에서 해결했다. 우리는 지붕만 공유했을 뿐, 깊은

대화도 함께한 나들이도 없었다.

유일하게 쉬던 일요일엔 아빠가 가끔 요리를 해줬다. 무뚝뚝한 경상도 남자가, 20년간 식탁에서 1미터 반경을 벗어나 본 적 없던 사람이 부엌에 선다는 게 놀라웠다. 생각해 보면 당연했다. 가족과 함께한 시간보다 혼자 끼니를 때운 세월이 더 길었을 테니.

처음 맞닥뜨린 아빠의 요리는… 솔직히 형편없었다. 대부분의 아버지 요리가 그렇듯 '잡탕찌개'라 명명할 법한 창작물이었다. 냉장고 속 모든 재료를 총동원한 정체불명의 혼종. 하지만 까다롭지 않은 입맛 덕에 별 탈 없이 먹었다 (나는 생각보다 훨씬 잘 먹는 사람이었다). 아니, 애초에 기대치가 바닥이어서 오히려 먹을 만했는지도. 그는 불평 없이 비우는 내 그릇을 보며 자신이 요리에 재능이 있다고 착각했을 게 틀림없다.

나의 관대한 미각 덕분에 아빠는 급기야 도시락까지

싸주기 시작했다. 어느 날 아침, 평소보다 일찍 일어나 부산스럽게 움직이는 그를 발견했다. 살짝 엿보니 김밥을 말고 있었다. '아, 김밥이구나' 별 생각없이 나갈 준비를 끝낸 후 도시락을 챙겨 학원으로 향했다.

점심시간, 설렘 반 걱정 반으로 도시락을 열었다. 그런데… 뚜껑을 여는 순간 멈칫, 꼬릿한 비린내가 코를 찔렀다. 익숙한 냄새가 났다. 단면을 확인하니 설마했던 그것. 아빠의 영원한 소울푸드 과메기가 빼곡히 들어있었다. 단무지도, 김치도 없었다. 오직 김, 밥, 그리고 과메기. 평소엔 나도 과메기를 좋아하는 편이었지만 그건 미역과 초장이 있을 때의 얘기지, 이건 아니잖아! 밥에 간을 하는 기본조차 과감히 생략한 경상도 상남자의 손맛. 선 넘는 퍽퍽함과 비릿함에 평소 활발하던 내 주둥이 저작운동도 비상사태를 선포했다. 하지만 별수 없었다. 나가서 사 먹을 돈도, 시간도 없었다. 저녁까지 버티려면 일단 삼켜야 했다. 꾸역꾸역 목구멍으로 밀어 넣었다.

물로 아무리 헹궈도 사라지지 않는 비린내 때문에 그날은 평소의 두 배는 오래 양치질을 해야 했다.

과메기 도시락의 충격은 강렬했다. 십여 년이 지난 지금도 그 맛이 가끔 입안에 맴돈다. 그 이후 과메기를 몇 번 먹을 기회가 있었는데, 이상하게 비린 맛에 더 예민해졌다. 자기 바빴던 미각세포들이 아버지의 과메기 김밥 한 방에 각성한 건지, 졸지에 까다로운 입맛의 소유자 호소인 정도로 레벨업했다.

입맛은 업그레이드됐을지언정 마음 한편은 다운그레이드됐다. 30년 넘게 살면서 아빠가 가족을 위해 요리한 게 손에 꼽는다는 사실이, 그리고 그중 절반은 나만 맛봤다는 점이 기쁘지가 않고 왠지 서글펐다. 그리고 그가 야심 차게 내놓은 작품이 '과메기 김밥'이라니. 어울리지 않는 조합, 부재한 양념, 대충 썰어낸 거친 단면. 그 퍽퍽하고 투박한 김밥이 꼭 아빠를 닮아 있었다.

몇 년 전부터 아빠는 내게 부쩍 전화를 자주 한다. 할 말이 없어도 일단 전화부터 건다. 아마 적적해서일 거다. 엄마 없이는 꼼짝도 못 하니 집에 혼자 있을 때면 그는 완전히 고립된다. 그래서인지 하루에 세 번씩 전화가 올 때도 있었다. 어제 통화했든 세 시간 전에 목소리를 들었든 상관없이, 늘 같은 인사말로 시작한다. "별일 없나.", "밥 먹었나." 딱딱하고 판에 박힌 질문들이었다.

아빠와 나는 자연스러운 대화법을 몰랐다. 매일 통화하면서도 시사 얘기도, 일상의 소소한 에피소드도 잘 나누지 못했다. 일방통행에 가까운 소통. 대화는 좀처럼 이어지지 않고 이따금씩 어색한 침묵이 감돌았다. 평생 수다를 떨어본 적 없으니 당연한 일이었다. 그래서 최근 부쩍 딸 목소리가 듣고 싶어 하는 아빠의 변화가 적잖이 당황스러웠다.

아빠가 과메기라면 나는 간이 안 된 밥이었을까. 냅다 김에다가 만다고 해서 다 김밥이 되는 건 아니었다. 우리는 여전히 어울리지 않는 조합이다. 아무리 김으로 감싸도 조화를 이루기 어려웠다. 서로 다른 세계에서 자라 온 재료들. 억지로 한 그릇에 담았지만 어쩐지 각자의 맛만 더 선명해질 뿐이다.

그의 요리를 몇 번이라도 더 먹어봤다면, 고사리손에 만 원짜리를 쥐여주며 무거운 맥주를 사 오라 시키는 대신 함께 장을 봤다면, 담배 한 갑만 줄이고 술잔을 채우는 시간에 가족과 대화를 나눴다면 지금은 달라졌을까.

나도 아빠에게 조금은 더 다정한 딸이 됐을까.

바쁜 경애씨

이름처럼 살아온 사람이 있다. 공경할 경(敬), 사랑할
애(愛). 경애씨는 1959년 11월 26일 진양(진주) 하씨
집성촌에서 태어났다. 삼 남매 중 막내였던 그녀 위로는 오빠가
둘 있었다. 아버지는 농사를 지었지만 경애씨가 어릴 때 일찍
세상을 떠났고, 어머니는 녹록지 않은 형편 속에서도 삼
남매를 사랑으로 키워냈다. 그러한 상황에도 경애씨가 진주
선경 여자 상업고등학교를 졸업할 수 있었던 건 작은아버지
덕분이었다. 하씨 집안은 책임감과 결속력이 남달랐다.
경애씨의 초등학교 동창 43명이 하씨 집안이었을 정도로, 진양
하씨 가문에서 일어나는 일은 모두가 알았고 집안 어른들이
책임졌다. 누군가 어려움을 겪으면 조금이라도 여유가 있는
사람이 나서서 도왔다.

작은아버지는 공업용 섬유 제조업이라는, 당시로써는
선견지명 있는 사업에 뛰어들었다. 그의 회사는 빠르게 성장해

문어발 인생, 괴로와

진주, 부산, 밀양에 걸쳐 다섯 개의 공장을 거느린 중견기업이 되었다. 작은아버지는 경애씨를 비롯한 삼 남매의 학업을 책임졌을 뿐 아니라, 성인이 된 경애씨를 자신의 회사 경리로 고용해 안정적인 생활을 돕기도 했다. 어느 날 작은아버지의 회사에 새 직원이 입사했다. 무뚝뚝하고 과묵했지만 일은 탁월하게 해내는 사람이었다. 작은아버지 눈에는 그가 눈에 띄는 인재였다. 작은아버지의 중매로 경애씨는 정씨 성을 가진 그 직원과 결혼하게 됐다. 당시엔 중매결혼이 흔했고, 아버지나 다름없던 작은아버지의 뜻을 거스를 수도 없었다.

타고나기를 밝고 순수했던 경애씨는 남편을 만나기 전까지 연애는커녕 짝사랑조차 해본 적 없었다. 단란한 가정을 꿈꿨던 그의 기대와 달리 덜컥 시작한 결혼생활은 처음부터 어긋났다. 결혼하자마자 정씨는 따로 살자고 선언했다. 같이 살기 싫다고 했다. 경애씨는 결혼 첫날부터 마음에 큰 상처를 입었다. 이 사실을 안 작은아버지는 절대 그런 일은 있을 수 없다며 자신의 회사 사택을 신혼집으로 내주면서까지 정씨를 설득했다.

하지만 우여곡절은 끝이 아니었다. 경애씨가 어렵사리 첫째를 품었을 때도 정씨의 무관심은 계속됐다. 임신으로 일을 그만두고 작은아버지 권유로 꽃꽂이를 배우러 다닐 때도, 정씨는 단 한 번도 데리러 오지 않았다. 경애씨는 임신한 몸을 이끌고 몇 시간을 걸어 집으로 돌아와야 했다. 정씨의 심기가 불편한 날이면 조수석의 경애씨에게 "너 죽고 나 죽자"며 고래고래 소리를 지르고, 차를 거칠게 몰며 분노를 쏟아냈다. 뱃속 아기가 들을까 봐 경애씨는 반박 한마디 못 하고 숨죽여 울기만 했다.

정씨는 작은아버지 회사를 나와 독립했다. 제조업

호황기였던 80년대, 그는 배운 기술을 바탕으로 섬유 회사를
차렸고 놀랍게도 사업은 날개를 단 듯 번창했다. 사업 수완이
뛰어났던 정씨의 회사는 급속도로 성장했고, 자연스럽게
가족은 회사 사택을 떠나 밀양의 작은 집으로 이사했다.
그곳에서 경애씨는 셋째까지 낳았고, 시어머니까지 모시며
다섯 식구가 함께 살았다. 김해로 이사할 때는 식구가 더
늘었다. 정씨 동생이 이혼하며 남긴 두 아이까지 함께 살게 된
것이다. 둘째 딸의 눈에는 삼촌과 사촌들이 우리 집에 들어와
산 셈이었다. 남편은 사업장을 서울로 옮겨 주말부부가 됐고,
집안일은 온전히 경애씨 몫이었다. 자녀 셋, 조카 둘, 시어머니,
시동생까지 일곱 명의 끼니를 챙기고 아이들 다섯의 학업을
돌봤다.

정씨는 돈을 넉넉히 보냈지만, 그것은 시어머니와
자식들을 위한 돈이었다. 경애씨가 그 돈으로 자신을 위한

물건을 사거나 지인들과 시간을 보내면 불쾌해하며 화를 냈다.
"여편네가 집에나 있지 어딜 싸돌아다니느냐."라며 폭언을
쏟아냈다. 정씨의 외도가 의심되던 때에도 경애씨는 모른
척했다. 참았다. 자식들 생각해서라도 가정을 지켜야 했다.
자식들은 그 사실을 이미 알고 있었지만.

　　주말에만 오던 정씨는 이따금씩 자식들에게 줄 선물을
사 왔지만, 경애씨 몫은 없었다. 때로는 의도적으로 경애씨만
빼고 기념품을 사 오기도 했다. 그래도 경애씨는 서운함을
드러내지 못했다. 남편이 화낼까 두려웠다. 그가 도착하기 전
미리 술상을 차려놓기 바빴다. 몇 년 뒤 시동생 가족은 정씨와
큰 갈등 끝에 집을 떠났지만, 그렇다고 경애씨에게 찾아오는
여유는 없었다. 시어머니의 당뇨 합병증과 신장 투석으로
이틀에 한 번씩 병원에 다녀야 했다. 병세가 악화돼 휠체어에도
앉기 힘들어지자 경애씨는 시어머니를 업고서라도 병원을

다녔다. 말년에는 치매까지 겹쳐 대소변 수발까지 도맡았다.

시어머니가 세상을 떠났을 때, 경애씨는 소리 없이 눈물을 흘렸고 정씨는 통곡하며 슬픔을 쏟아냈다.

시어머니가 돌아가신 지 몇 년 후 이번엔 정씨가 쓰러졌다. 뇌경색, 심근경색, 당뇨, 녹내장, 백내장, 갑상선, 신장까지 온갖 지병이 연이어 그를 덮쳤다. 사업도 망하고 몸도 마비가 오자 정씨는 스스로 삶을 놓으려 했다. 그때 정씨는 경애씨에게 처음으로 부탁했다. 자신의 차들과 비싼 시계, 골동품들을 팔아 당신 필요한 데 쓰라고. 경애씨는 절대 혼자 죽지 말라며, 무슨 일이 있어도 곁에 있겠다고 약속했다. 그 길로 요양보호사 자격증을 땄다. 정씨를 돌보기 위해서였다. 사랑은 아니었다. 집안 내력이었다.

경애씨를 아는 지인들은 하나같이 혀를 내둘렀다. 다리

한짝 없는 정서방을 주에 세 번씩 병원에 데려가는 게 힘들지 않냐고, 그만 요양원에 보내라는 권유에도 경애씨는 정중히 거절했다. "우리 부처님 내가 모셔야지 누가 모십니까." 하며 웃어 보였다. 그러면 지인들은 말했다. "경애씨가 부처님이에요. 보살님도 아니고 부처님이요."

그의 둘째 딸이 그냥 이혼하지, 어떻게 이렇게 버텼냐고 잔소리했을 때도, 너무 불쌍하게 여기지 말라고 괜찮다고 웃어 보였다. 이것도 다 인연이라 여겼다. 결혼 생활 대부분을 자신은 지우고 남을 돌보는 데 바쳤는데도, 희한하게 그의 얼굴에는 구김살 하나 없었다. 동그란 얼굴엔 베풂이 만든 온화함이 가득했다. 고단함을 삼키고 웃음을 내뱉는 사람. 원망이란 걸 모르는 사람. 한숨 대신 웃음을 택한 사람이었다. 웃으면 복이 온다고 믿었다.

경애씨의 일주일엔 여백이 없고, 65년엔 쉼표가 없었다.
월요일엔 합창단에서 노래를, 화요일은 정씨의 신장 투석으로
병원을 가고, 수요일엔 그림 교실, 목요일은 또 병원, 금요일은
십수 년간 누군가를 들고 업은 탓에 돌처럼 딱딱하게 굳은
어깨의 통증으로 마사지를 받는다. 토요일은 다시 병원.
일요일엔 토굴(가족 법당)에서 낙엽을 치우고 기도를 올린다.
게다가 매일 새벽, 경애씨는 108배를 했다. 그의 기도에는
언제나 가족이 있었다.

그녀가 평생 베푼 그 공경과 사랑이, 이제는 그녀를
감싸안길. 그 수십 년간 깊게 패인 눈가의 주름이, 오래오래
웃음 속에 머물기를. 아프지 말고, 건강하게. 그 온화한 얼굴을
오래 보고 싶다.

바쁜 경애씨
– 번외편

경애씨의 둘째 딸은 실제로 그가 부처님일지도 모른다고 생각했다. 실제로 그에게서 부처님을 봤다. 둘째 딸이 막 스무 살이 된 무렵이었다. 그날은 성인이 된 기념으로 처음으로 통금을 어기고 동이 트기 직전까지 술을 마셨다. 둘째 딸은 그날따라 방해받고 싶지 않았다. 집에서 수십 번 걸려 오는 전화를 애써 무시했다. 본인 주량도 정확히 모르면서 들이붓다시피 마시다 보니 새벽 4시가 된 줄도 몰랐다. 결국, 고주망태가 된 둘째 딸은 앞으로 일어날 일을 전혀 예상하지 못한 채 집으로 비틀거리며 들어갔다. 집에는 다행히 불이 꺼져있었다. 취한 와중에도 초인적인 집중력을 발휘해서 현관문을 아주 천천히 소리 없이 열었다. 신발장에서 신발을 조용히 벗고 발끝으로 문지방을 넘으려는 순간 푹신한 무언가가 발에 닿았다.

절방석이었다.

절방석인걸 인지한 동시에 어둠 속 어딘가에서 누군가의 목소리가 들려왔다. "동작 그만." 감정을 꾹꾹 눌러 담은 묵직하지만 차분한 톤이었다. 그때 아무것도 보이지 않는 어두운 거실 너머로 흐릿한 형상이 보였다. 눈앞이 빙글빙글 도는 와중에도 둘째 딸은 누군지 알아야 했다. 어두운 뿌연 시야로 들어온 그 형상은 가부좌를 틀고 손은 양 무릎에 올린 채로 앉아 있는… 부처님이었다!

둘째 딸은 생각했다. 술을 새벽까지 진탕 마시면 못 보던 것도 보이는 건가, 드디어 신의 경지에 올랐나보다. 현실인가 꿈인가, 그것도 아니고 눈앞에 보이는 게 진짜 부처님이라면 여긴… '극락'이었다. 불교에서 극락이란 질병도 고통도 번뇌도 없는 깨달음의 세계였다. '극락'이라니 이렇게 쉽게 도달하는 거였어? 술 몇 병이면 극락왕생이 가능하단 말이야? 이야. 대박인데? 머릿속에서 감탄을 내뱉고는 방석을 밟고 움직이려고 하는 순간, 한 번 더 음성이 들려왔다.

"108배 시작."

극락에 가서도 108배를 하나? 요상하네…. 그러다 서서히
어둠이 눈에 익자 부처님이라고 생각했던 형상이 조금씩
선명하게 드러났다. 어디선가 익숙한 목소리였다. 아니, 부처님
목소리가…원래 이렇게 살기가…… 경애씨였다.

"엄마?"

"니 지금 몇 시고."

"아, 오내에(딸꾹) 나 안 치했어!"

"108배."

"…웅(딸꾹)."

위기 감지 능력이 뛰어났던 둘째 딸은 여기서 더 반항할
수 없었다. 만취가 된 와중에도 직감적으로 알았다. 입 다물고
말 듣자. 극락아니고 거실이다잉. 일단 합장을 하고 무릎을
꿇었다. 그리고 고개를 바닥에 쿵 하고 박았다. 절방석에

173

문어발 인생, 괴로와

얼굴을 묻고 깊게 숨을 내쉬었다. 진한 알코올 향이 진동했다.
"하나아" 비틀비틀 일어나 또 한 번 떨어지듯 무릎을 꿇고
절을 했다. "두울" 술에 절여져 제대로 가누기 힘든 몸을
이끌고 마치 마리오네트 인형이 된 듯 쓰러지듯 절을 하고
일어나기를⋯ 108번 반복했다. "백팔 번 끄읕⋯."

　　경애씨는 내가 108배를 끝내기 전까지 그 자리에서
부동의 자세로 꼿꼿하게 앉아 있었다. 그리고 그는 말없이
안방으로 사라졌다.

　　그날 새벽 둘째 딸은 달달 떨리는 다리를 이끌고 콧김과
입김에 알코올 향을 내뿜으며 대자로 쓰러져 누워 생각했다.

　　분명 봤는데⋯ 진짜 맞는데⋯, 처음에 그건 진짜
부처님이었다고⋯.

기댈 구석

코로나 기간동안 치아 관리를 방치했던 탓에 잇몸에서 피가 나는 일이 잦아졌다. 치통이 심해지자 미루고 미루던 치과로 결국 발걸음을 옮겼다. 이미 너무 늦은 건 아닐까, 얼마나 아플까, 돈이 얼마나 깨질까 온갖 걱정을 안고 병원에 도착했다. 다행히 치아에 심각한 문제는 없었다. 썩은 치아도 없었고 뭘 씌워야 하지도 않았다. 주머니에 있던 지갑이 먼저 안도의 한숨을 내쉬었다. 휴. 그래도 오랫동안 쌓인 치석 제거와 잇몸에 생긴 염증을 치료해야 한다는 진단을 받았다.

최대한 익숙한 척 긴장감을 숨기고 묵묵한 태도로 치과 의자에 누웠다. 치료가 시작되자 삐익— 이와 잇몸을 갈아대는 소리와 치익— 물을 뿜는 소리가 입안에서 교대로 울려 퍼졌다. 잔뜩 긴장한 근육은 이완될 줄을 몰랐고, 배 위에 공손하게 모은 두 손은 움찔거리는 타이밍에 맞춰 피아노 건반을 누르듯 반사적으로 까딱거렸다. 눈을 감아도 보이는 어둠 너머 아득한 불빛과 도무지 안정감을 주지 않는 진녹색 천 아래로 눈물이 찔끔 삐져나왔다.

치과 치료가 처음도 아닌데 몸의 근육세포들은 어쩜 이리 겸손한지 누구보다 강직하고 정직하게 굴었다. 아무래도 치석은 잇몸 깊숙이 단단하게 박혀 있었나 보다. 스케일러는 잇몸 구석구석을 무자비하게 휘저었다. …너무 아팠다. 하지만 아프다고 손을 번쩍 들기에는 삼십 줄 먹은 어른이었고, 입술이 쉽게 떨어지지 않았다(이미 벌려져 있었지만). 배 위에 얹은 손가락 마디들만 서로 엉겨 붙어 꼼짝달싹 못 하고 있었을 뿐이었다.

그때였다. 누군가가 내 손에다 말랑하고 부드러운 무언가를 쥐여줬다. 인형이었다. 감사하고요. 정말로. 그 따뜻하고 말랑한 것이 얼기설기 깍지 낀 손가락 사이를 메꾸듯 채웠다. 꼬집듯 잡은 작은 인형에 자연스럽게 모든 긴장감을 의탁했다. 인형이라는 쿠션을 손 사이에 두고 자연스럽게 기도하는 듯한 자세가 됐다. 귓가에 울리던 날카로운 진동 소리와 쿡쿡 찌르는 아픔은 여전했지만, 손가락 한 마디라도 온전히 기댈 구석이 있다는 것만으로도 위안이 됐다. 온몸의 감각을 손끝으로 옮기고 인형과의 첫 스킨십에만 집중하다 보니… 어느새 치료가 끝났다. 마취가 덜 풀린 입으로 어푸푸 입안을 물로 헹구고 나니 선홍빛의 피가 한가득 침과 섞여 나왔다. 치아 사이사이가 시원했다. 턱끝으로 흐른 침을 스윽 닦고 고개를 돌리니 그제야 잡고 있던 인형이 눈에 보였다.

여기저기 꼬집혀 산발이 된 곰 인형이었다. 녀석은 마치 오늘의 소명은 다했다는 듯 영혼 없는 맑은 눈으로 미소를 짓고 있었다. 첫 만남치고 격렬했지만, 덕분에 치료를 잘 끝냈을까. 후련한 헤어짐까지 완벽했다.

살다 보면 치석같은 묵은 돌들이 반드시 쌓이기 마련이다. 예방한다고 해서 피할 수 있는 일이 아니다. 언제든지 잇몸을 탁탁 찌르는 순간들이 찾아온다. 잇몸만 아프면 다행이지 어쩔 땐 두통까지 함께 수반한다. 심하면 속도 뒤집어지기까지. 그러다 보면 어디서부터 아픈 건지, 언제까지 아플 건지 감이 오지 않는다. 뭘 먼저 고쳐야 할지도 모르겠고. 치통도 괴롭고, 치료도 괴로우니 참 난감하다.

무엇이든 계속 고통을 참고 미루다 보면 어느새 혼자 감당하는 게 어른스러운 일이라 여기게 된다. 도와달라는 말은 그렇게 부끄럽고 어려워진다.

손댈 수 없는 괴로움엔 언제든 기댈 구석이 필요하다. 거구의 몸을 전부 감당할 순 없어도 딱 한 마디의 손가락으로도 쥘 수 있는 작은 쿠션이라도 있다면 꽤 견딜 만하다. 인간은 고통에 오래 버틸 수 없다. 잠시라도 나를 의탁할 수 있는 것들을 가까이에 두자. 최대한 손가락을 뻗어도 좋다.

　괴로움으로부터 완전히 벗어나게 해주지는 못해도 적어도 혼자가 아니라는 걸 느끼게 해주는 것. 그게 뭔지는 여전히 찾아가는 중이지만, 찾아도 찾아도 여전히 부족하지만 언젠가 꼭 쥐고 있길. 나의 손에도 당신 손에도.

문어발 인생, 괴로와

문어발、인생 괴로와

1판 1쇄	2025년 9월 25일
지은이	소현
펴낸이	장병인
출판기획	소현
디자인·편집	소현
제작지원	소현
제목활자	**고래실, 쓰이써60**
본문활자	편산

펴낸곳	싱크 앤 하우스
출판등록	2017년 4월 24일 제2017—000105호
주소	서울시 마포구 와우산로18길30, 2층
전화	02—3143—3670 팩스 02—3143—3671
전자우편	syncnhows@gmail.com
홈페이지	http://syncnhows.com

ISBN	979—11—991532—2—6 03810